ARTHUR STANISLAUS

Weihnachtszauber

*Kurzgeschichten
vom Zauber der Weihnacht*

Mit Illustrationen von
Arthur Stanislaus

Ein Geschenk für dich, klein und fein,
Von Menschen die dich lieben muss es sein.
Mit Liebe, Wärme und Licht,
dieses Büchlein dir Freude verspricht.

Arthur Stanislaus

Geschichtsverzeichnis

Der magische Weihnachtskeks 4
Emmas größter Weihnachtswunsch 8
Der kleine Engel & die verlorene Weihnachtsfreude 12
Der Weihnachtszug des Glücks 18
Der verlorene Wunschbrief 24
Die kleine Laterne im Schnee 30
Der verlorene Weihnachtsstern 36
Der Schneemann der Freundschaft 44
Der vergessene Weihnachtszauber 50
Das Geheimnis der goldenen Glocke 56
Das Weihnachtslicht des kleinen Rehkitzes 62
Der verschwundene Weihnachtsstern 68
Zitate/Reime von Arthur Stanislaus 72
Danksagung 80

Der magische Weihnachtskeks

In einem kleinen, verschneiten Dorf lebte ein Junge namens Ben. Ben liebte Weihnachten mehr als alles andere auf der Welt. Er liebte die funkelnden Lichter, den Duft nach Zimt und Tannennadeln und besonders die leckeren Weihnachtskekse, die seine Oma jedes Jahr backte.

Eines Abends, kurz vor Weihnachten, saß Ben mit seiner Oma in der gemütlichen Küche. Die Fenster waren beschlagen, und draußen fiel der Schnee in dicken Flocken. Oma rollte gerade den Teig aus und sang ein altes Weihnachtslied. Ben durfte helfen, die Kekse auszustechen. Es gab Sterne, Tannenbäume und sogar kleine Rentiere.

"Diese Kekse sind etwas ganz Besonderes", sagte Oma geheimnisvoll, während sie einen der Keksstempel in den Teig drückte.

"Warum sind sie besonders?" fragte Ben neugierig und sah zu, wie Oma einen Keks mit einem kleinen Herzchen darauf formte.

Oma lächelte. "Dieser Keks ist magisch. Wenn du ihn in der Heiligen Nacht isst und dir dabei etwas ganz fest wünschst, dann geht dein Wunsch in Erfüllung."

Ben riss die Augen auf. Ein magischer Keks! Er wusste sofort, was er sich wünschen würde: Dass seine Eltern, die oft lange arbeiten mussten, mehr Zeit mit ihm verbringen könnten.

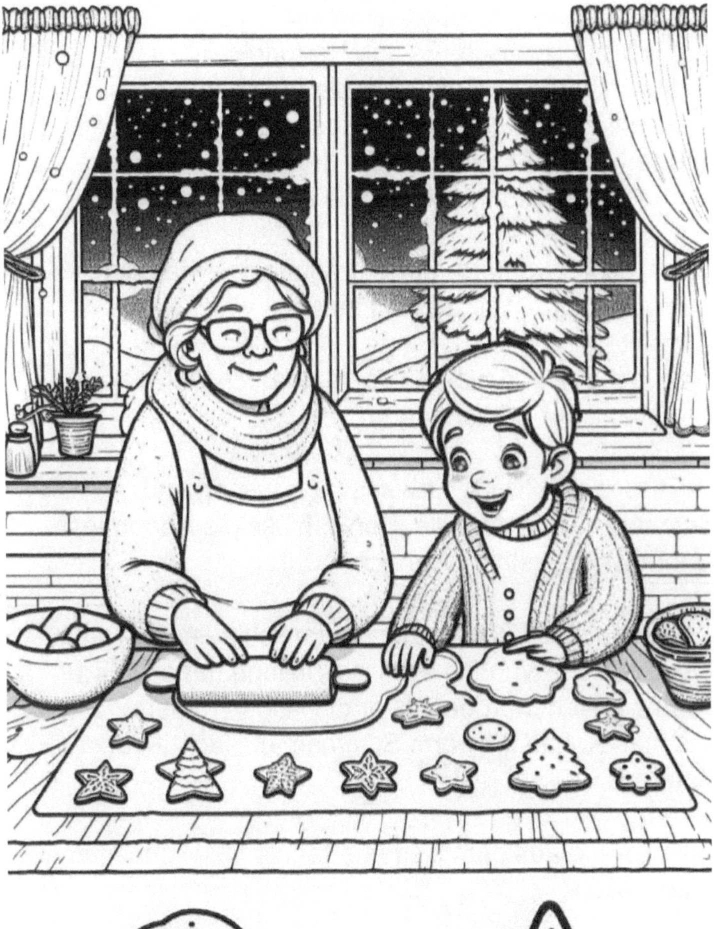

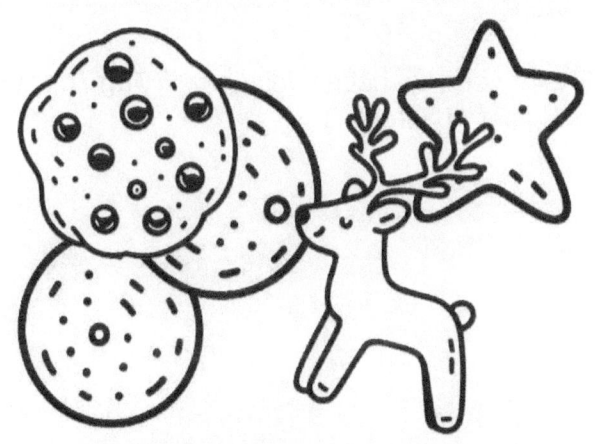

Als der Weihnachtsabend kam, saß die ganze Familie am großen Esstisch. Es gab Kartoffelsalat, Bratwürstchen und natürlich die frisch gebackenen Kekse von Oma. Ben konnte es kaum erwarten. Als der große Moment kam, nahm er den magischen Keks mit dem Herzchen und schloss die Augen.

"Ist alles in Ordnung, Ben?" fragte seine Mama, als sie sein konzentriertes Gesicht sah.

Ben lächelte und nickte. "Ja, Mama. Ich wünsche mir nur etwas ganz Besonderes."

Er biss in den Keks. Er war süß, knusprig und schmeckte nach Vanille. Ben schloss die Augen fest und flüsterte seinen Wunsch.

In dieser Nacht konnte Ben kaum schlafen. Er fragte sich, ob sein Wunsch wohl in Erfüllung gehen würde. Am nächsten Morgen, als er die Augen öffnete, roch er frischen Kakao. Er hörte Stimmen, die lachten und sangen.

Ben sprang aus dem Bett und rannte ins Wohnzimmer. Dort saßen

"Ben! Komm her, wir haben den ganzen Tag Zeit zum Spielen!" rief Papa fröhlich.

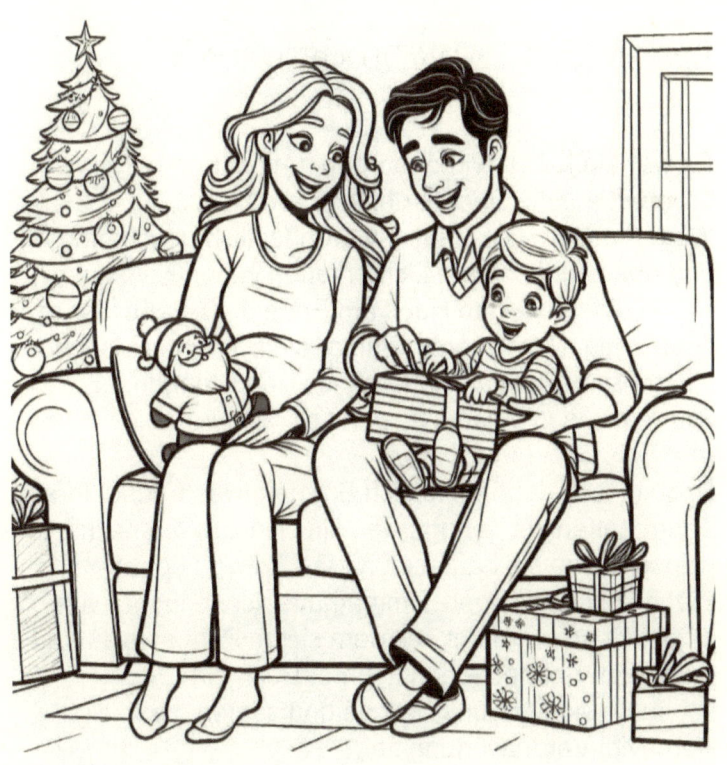

Bens Herz machte einen Hüpfer vor Freude. Sein Wunsch war in Erfüllung gegangen. Er wusste nicht, ob es wirklich der magische Keks war, oder ob seine Familie einfach nur bemerkt hatte, wie sehr er sich diese gemeinsame Zeit wünschte. Doch das war ihm auch egal. Für Ben war es das schönste Weihnachtsgeschenk überhaupt.

An diesem Abend bedankte sich Ben noch einmal bei seiner Oma. Sie zwinkerte ihm zu und sagte: "Manchmal braucht es nur ein kleines bisschen Magie, um die größten Wünsche wahr werden zu lassen."

Emmas größter Weihnachtswunsch

Es war ein kalter Wintermorgen, und der erste Schnee fiel sanft auf die Dächer der kleinen Stadt Winterhausen. Die Häuser waren festlich geschmückt, und überall leuchteten Lichterketten in den Fenstern. Nur in einem kleinen Haus am Ende der Straße war es noch ruhig. Dort wohnte Emma, ein fröhliches Mädchen mit großen, braunen Augen und roten Wangen, die immer ein wenig glühten, wenn sie sich freute.

Doch dieses Jahr fühlte sich Emma etwas traurig. Ihre Eltern hatten sie gefragt, was sie sich zu Weihnachten wünsche und sie hatte sofort eine Antwort gehabt: Einen kleinen Welpen. Emma hatte schon immer von einem Hund geträumt, mit dem sie im Park spielen und durch den Schnee toben könnte. Doch ihre Eltern schauten sich nur unsicher an und sagten, dass ein Hund viel Verantwortung sei.

Am Heiligabend war Emma deshalb etwas bedrückt, obwohl sie wusste, dass ihre Eltern ihr immer schöne Geschenke machten. Sie half ihrer Mama, Kekse zu backen,. Trotzdem fehlte etwas. Draußen wurde es langsam dunkel, und Emma schaute aus dem Fenster. Sie sah die anderen Kinder lachend und spielend mit ihren Hunden durch den Schnee rennen.

Emma seufzte leise. "Ach, wenn ich doch nur einen kleinen Welpen hätte," murmelte sie vor sich hin.

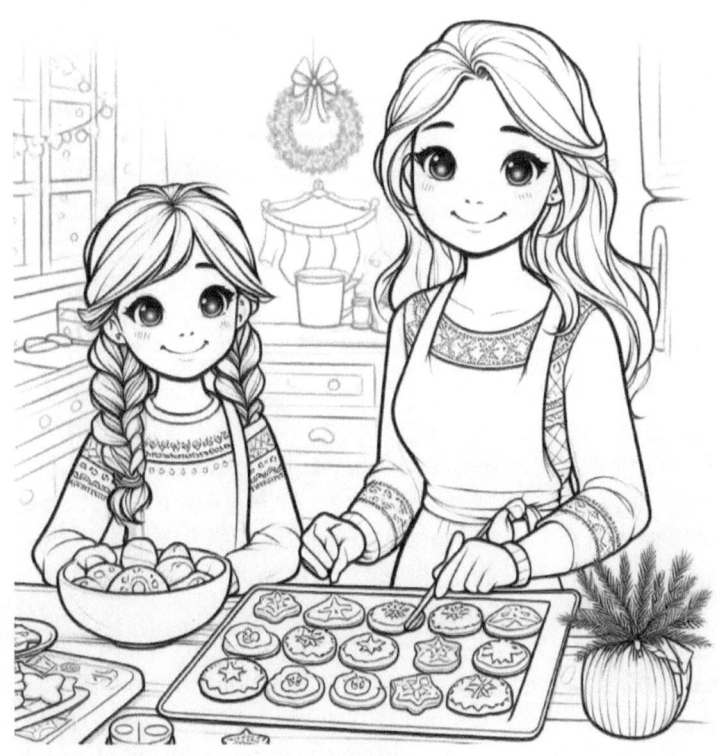

Als die Nacht hereinbrach, setzte sich die Familie ins Wohnzimmer und öffnete die ersten Geschenke. Emma bekam ein wunderschönes neues Buch, einen warmen Schal und eine Spielzeugküche. Sie bedankte sich brav, doch ihre Gedanken kreisten immer noch um ihren großen Wunsch.

Als sie schon fast glaubte, dass das Weihnachtsfest zu Ende sei, stand ihr Papa auf und sagte: "Emma, wir haben noch eine kleine Überraschung für dich."

Emma schaute überrascht auf. "Eine Überraschung?" fragte sie neugierig.

Ihre Mama führte sie sanft zur Haustür. Als sie die Tür öffneten, fiel ihr sofort ein kleiner, weißer Schneehügel auf der Veranda auf. Doch es war kein Schneehügel – es war eine kleine, wollige Fellkugel! Der Welpe sprang auf und wackelte mit seinem Schwanz. Er hatte große, braune Augen und ein flauschiges, weißes Fell.

"Das ist für dich, Emma", sagte ihr Papa lächelnd. "Er heißt Schnee."

Emma konnte es kaum glauben. "Für mich? Wirklich?" Tränen der Freude füllten ihre Augen, und sie kniete sich hin, um den kleinen Welpen in ihre Arme zu schließen. Schnee leckte ihr über die Wange, und Emma lachte laut auf. Ihr Herz war voller Glück.

"Wir wissen, dass du dir einen Welpen gewünscht hast, Emma", sagte ihre Mama sanft. "Und wir haben lange darüber nachgedacht. Ein Hund braucht viel Liebe und Pflege, und wir glauben, dass du bereit dafür bist."

Emma nickte eifrig. "Oh ja, ich verspreche, dass ich mich immer um Schnee kümmern werde! Danke, Mama! Danke, Papa!"

Die ganze Familie setzte sich zusammen vor den Kamin. Emma hielt Schnee liebevoll im Arm, und der kleine Welpe kuschelte sich zufrieden an sie. Es war der beste Weihnachtsabend, den Emma je erlebt hatte. Sie spürte, dass ihr größter Wunsch in Erfüllung gegangen war, und sie wusste, dass Schnee ab jetzt ihr bester Freund sein würde.

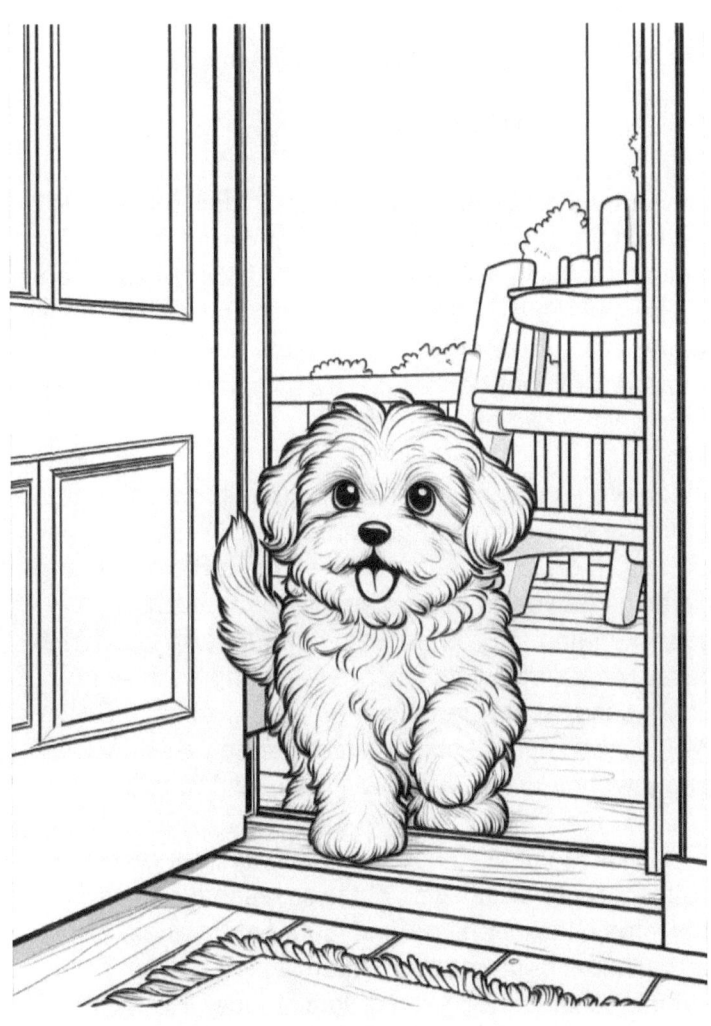

Und während die Schneeflocken draußen leise auf die Erde fielen und die Lichter am Weihnachtsbaum sanft funkelten, war Emma rundum glücklich. Sie hatte nicht nur ein neues Familienmitglied bekommen, sondern auch ein Herz voller Liebe, das sie mit ihrem neuen Freund Schnee teilen konnte.

Der kleine Engel und die verlorene Weihnachtsfreude

Es war ein besonders kalter Winter in der kleinen Stadt Eichenhain. Die Fenster der Häuser waren mit funkelnden Lichtern geschmückt, und überall sah man Weihnachtsbäume, die hell strahlten. Doch mitten in all dem Glanz und der Fröhlichkeit lebte ein kleiner Junge namens Max, der den Zauber von Weihnachten dieses Jahr einfach nicht fühlen konnte.

Max hatte im vergangenen Jahr einen schweren Verlust erlitten: Seine Oma war gestorben und Weihnachten fühlte sich ohne sie leer und einsam an. Sie war immer diejenige gewesen, die die schönsten Plätzchen gebacken und die wärmsten Umarmungen verschenkt hatte. Max vermisste sie schrecklich und auch seine Eltern schienen in Gedanken oft traurig zu sein. Der Weihnachtszauber schien verschwunden zu sein, wie weggeweht von den kalten Winden des Winters.

In der Nacht vor Weihnachten, als Max traurig in seinem Bett lag, hörte er plötzlich ein leises, sanftes Klingen, als ob kleine Glöckchen im Wind läuteten. Er setzte sich auf und sah aus dem Fenster. Da erblickte er etwas Wunderschönes: Ein kleiner, leuchtender Stern fiel langsam vom Himmel herab. Als er den Boden berührte, stand dort plötzlich ein winziger Engel mit goldenen Flügeln und einem silbernen Kleid, das funkelte wie der erste Schnee.

Max rieb sich die Augen. "Wer bist du?", fragte er leise, fast flüsternd.

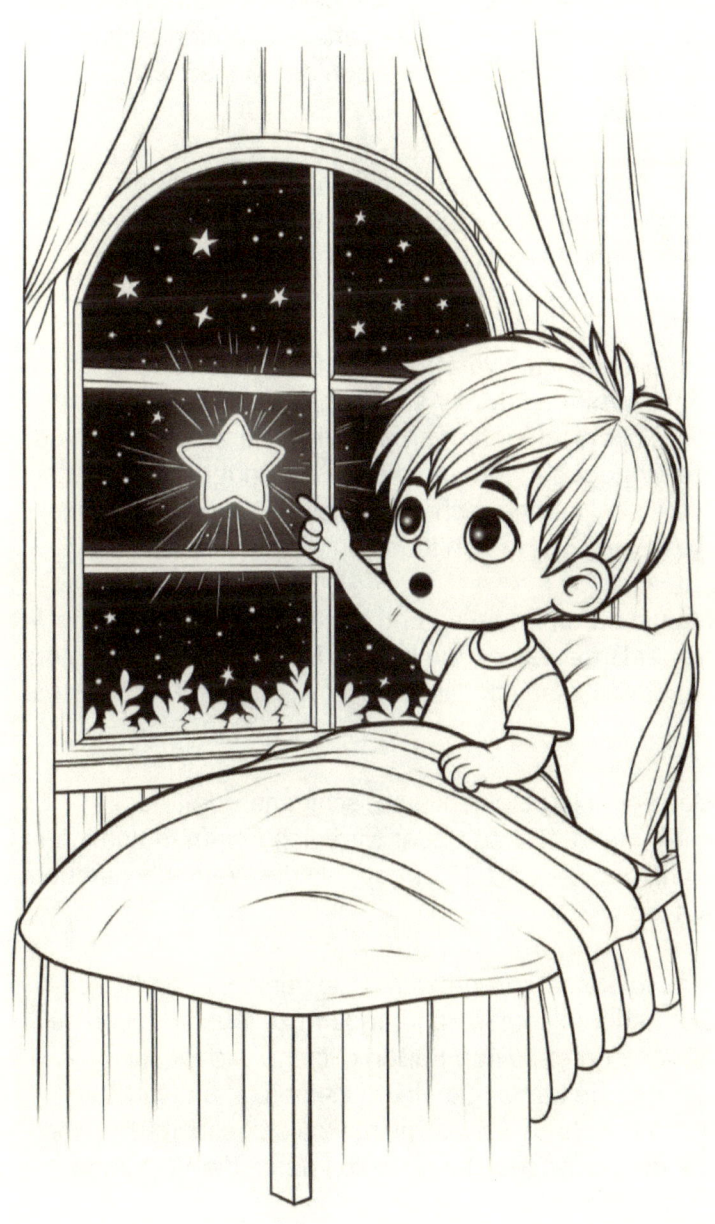

Der Engel lächelte sanft. "Ich bin der Weihnachtsengel. Ich bin gekommen, um die verlorene Weihnachtsfreude zu finden und sie in die Herzen der Menschen zurückzubringen."

Max Augen füllten sich mit Tränen. "Ich weiß nicht, ob du mir helfen kannst," sagte er traurig. "Meine Oma ist nicht mehr da, und ohne sie fühlt sich Weihnachten nicht mehr magisch an."

Der Engel nickte verständnisvoll und setzte sich neben Max. "Weißt du, Max," sagte er sanft, "deine Oma ist vielleicht nicht mehr hier, aber ihre Liebe, die Wärme die sie dir gegeben hat und die Erinnerungen, die ihr geteilt habt, sind immer noch da. Sie sind wie kleine Lichter, die in deinem Herzen leuchten."

Max sah den Engel an und spürte ein warmes Gefühl in seiner Brust, als ob ein kleines Licht In Ihm aufleuchtete. "Aber wie kann ich dieses Licht wiederfinden?", fragte er leise.

Der Engel legte eine kleine, schimmernde Feder in seine Hand. "Diese Feder wird dich führen. Folge ihrem Licht, und sie wird dir zeigen, wo die Weihnachtsfreude auf dich wartet."

Max folgte dem Engel durch die verschneiten Straßen. Die Feder in seiner Hand begann zu leuchten, und der Schnee unter seinen Füßen glitzerte wie tausend Sterne. Sie kamen zu einem kleinen, alten Haus am Rand der Stadt. Es war nicht festlich geschmückt, und nur ein schwaches Licht schien durch die Vorhänge.

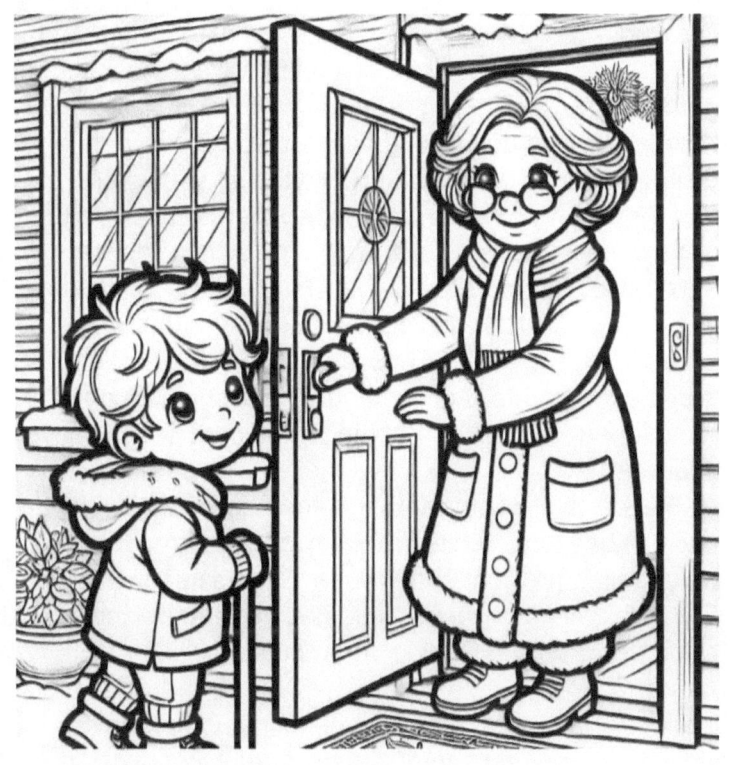

Max klopfte zögernd an die Tür. Eine alte Frau öffnete, und Max erkannte sie sofort, es war Frau Müller, die einsame Nachbarin, die seit Jahren niemanden mehr besucht hatte. Sie lebte ganz alleine und hatte keine Familie.

"Was machst du hier draußen, Junge?" fragte sie überrascht.
Max spürte eine plötzliche Wärme in seinem Herzen.
"Ich dachte, ich könnte Ihnen Gesellschaft leisten," sagte er mutig. "Es ist Heiligabend, und niemand sollte an Weihnachten alleine sein."

Die Augen von Frau Müller füllten sich mit Tränen, und sie lächelte, als ob sie sich seit Jahren nicht mehr so gefühlt hätte. Sie ließ Max herein, und gemeinsam verbrachten sie den Abend damit, Lieder zu singen, alte Geschichten zu erzählen und Plätzchen zu backen.
Der kleine Engel saß unsichtbar auf der Fensterbank und beobachtete das Geschehen mit einem Lächeln. Max fühlte sich plötzlich so warm und glücklich, als ob seine Oma direkt neben ihm säße und ihn umarmte. Er verstand nun, was der Engel ihm sagen wollte: Die Weihnachtsfreude liegt nicht nur in Geschenken oder Traditionen, sondern in der Liebe und dem Teilen mit anderen.
Als Max sich am späten Abend verabschiedete und nach Hause ging, fühlte er sich nicht mehr traurig. Sein Herz war voller Licht und Freude. Er wusste, dass seine Oma stolz auf ihn wäre und dass sie immer bei ihm war, wenn er Liebe und Freude verbreitete.

In dieser Nacht träumte Max von seiner Oma. Sie lächelte ihn an und sagte: "Du hast das Licht in deinem Herzen wiedergefunden, mein Schatz. Frohe Weihnachten."

Als Max am Morgen aufwachte, lag die Feder des Engels neben ihm auf dem Kopfkissen. Sie leuchtete sanft im Morgenlicht. Er wusste, dass der Weihnachtszauber zurückgekehrt war – nicht nur für ihn, sondern für alle, denen er an diesem Abend ein kleines Stück Liebe geschenkt hatte.

Und so strahlte Eichenhain an diesem Weihnachtsfest heller als je zuvor, denn die verlorene Weihnachtsfreude war in die Herzen aller zurückgekehrt.

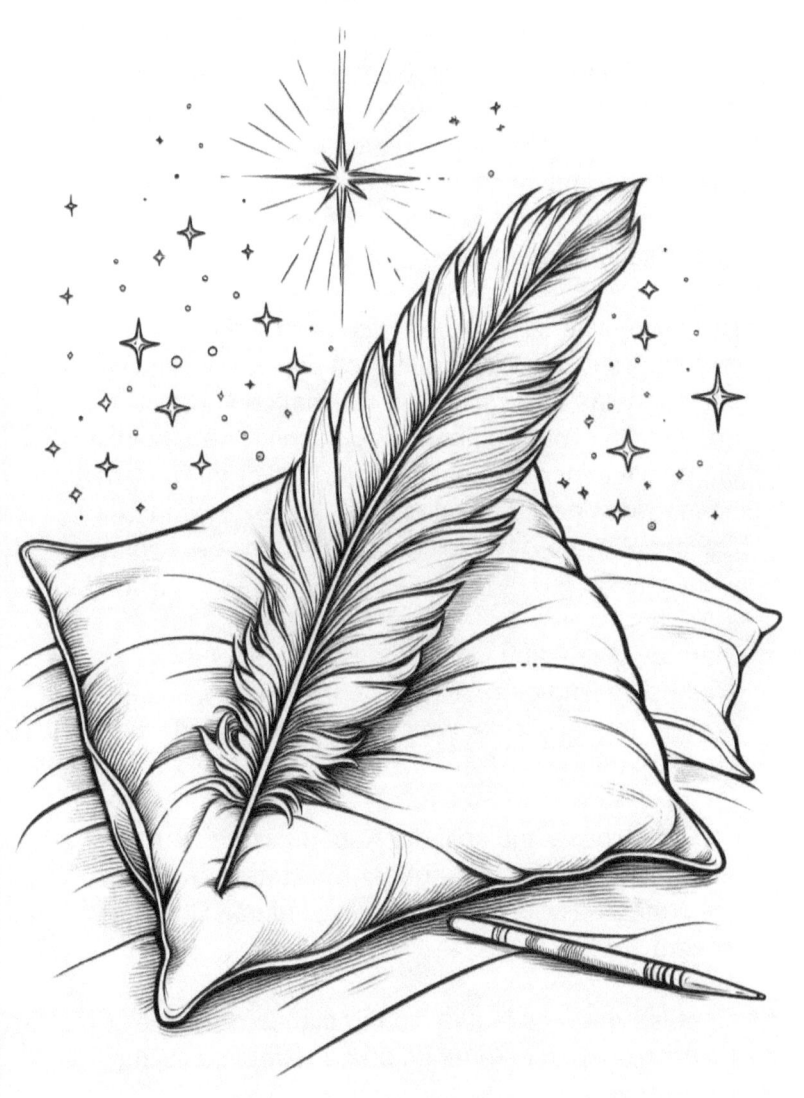

Der Weihnachtszug des Glücks

Es war der letzte Schultag vor den Weihnachtsferien, und im kleinen Städtchen Lichterfeld war die Aufregung der Kinder kaum zu übersehen. Fabian und seine jüngere Schwester Sophie liefen Hand in Hand durch den Schnee nach Hause. Fabian war acht Jahre alt, klug und mutig, und Sophie war fünf, ein wenig schüchtern, aber voller Fantasie.

Die beiden liebten es, Geschichten zu erfinden, besonders in der Weihnachtszeit. Doch in diesem Jahr schien etwas anders zu sein. Sie hatten von einem geheimnisvollen Weihnachtszug gehört, der angeblich einmal im Jahr durch das Tal fuhr und den Menschen besondere Geschenke brachte – keine gewöhnlichen Geschenke, sondern solche, die man mit dem Herzen wünschte.

"Fabien, glaubst du wirklich, dass es den Weihnachtszug gibt?" fragte Sophie leise, während sie in den Himmel blickte, wo die ersten Schneeflocken des Tages fielen.

Fabian lächelte und kniff die Augen zusammen. "Natürlich gibt es ihn," sagte er überzeugt. "Aber nur, wenn man ganz fest daran glaubt und das Glück in seinem Herzen trägt."

An diesem Abend legten sich Fabian und Sophie früh ins Bett, doch der Gedanke an den Weihnachtszug ließ sie nicht schlafen. Leise schlich sich Sophie ins Zimmer ihres Bruders. Sie flüsterte:

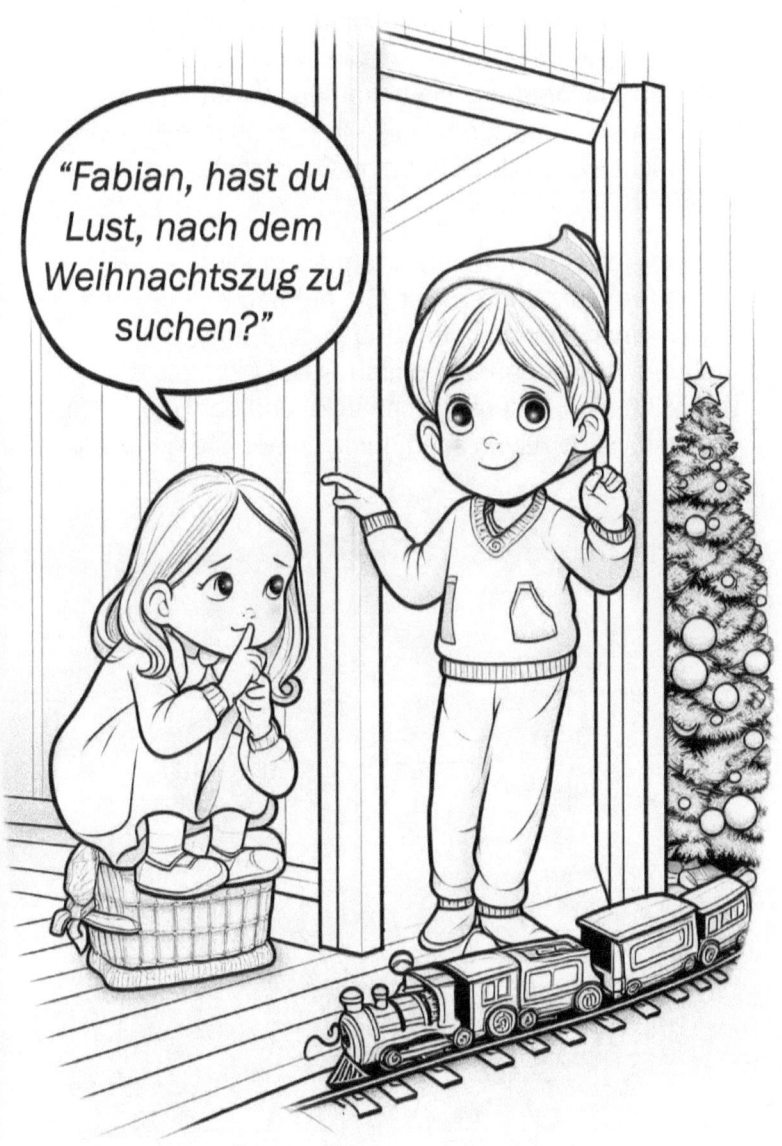

Fabian nickte eifrig, die Augen der Geschwister leuchteten vor Aufregung. Zusammen schlichen sie sich aus dem Haus. Der Schnee knirschte unter ihren Füßen, während sie sich auf den Weg zum alten Bahnhof machten. Als sie ankamen, war es still. Kein Zug weit und breit. Sophie ließ ihre Schultern hängen. "Vielleicht war es doch nur eine Geschichte," sagte sie leise.

Fabian wollte gerade antworten, als plötzlich ein fernes, leises Pfeifen zu hören war. Sie drehten sich um und sahen einen kleinen, alten Zug in der Ferne, der langsam in den Bahnhof einfuhr. Die Lokomotive war mit goldenen Lichtern geschmückt, und der Rauch, der aus dem Schornstein stieg, funkelte wie Sternenstaub im Mondlicht.

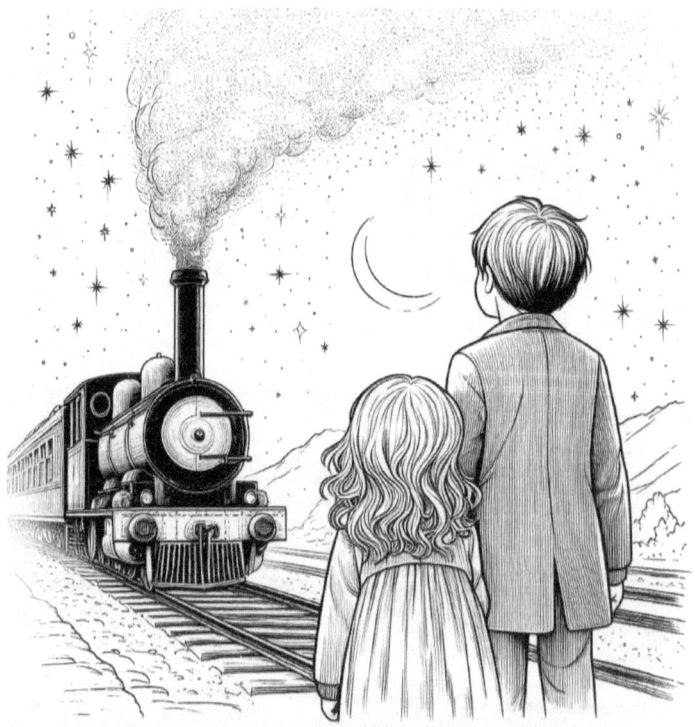

Die Tür eines Wagens öffnete sich, und ein freundlicher Schaffner mit einem langen weißen Bart und einem roten Mantel trat heraus. "Willkommen, Fabian und Sophie," sagte er mit tiefer Stimme.

Die beiden Kinder sahen sich überrascht an. "Woher kennen Sie unsere Namen?" fragte Fabian.

Der Schaffner lächelte geheimnisvoll. "Ich kenne die Namen aller Kinder, die den Zauber der Weihnacht in ihren Herzen tragen. Kommt, steigt ein, die Fahrt beginnt gleich."

Voller Neugier kletterten Fabian und Sophie in den Zug. Der Wagen war warm und einladend, mit weichen Sitzen, die wie riesige Plätzchen aussahen. An den Wänden hingen glänzende Christbaumkugeln, und in der Luft lag der Duft von Zimt und Schokolade.

"Wo fahren wir hin?" fragte Sophie aufgeregt.

"Zum Ort der wahren Weihnachtswünsche," antwortete der Schaffner, während der Zug anfuhr und sanft durch die verschneite Landschaft glitt. "Hier finden Menschen die Wünsche, die nicht mit Gold oder Geld erfüllt werden können, sondern nur mit Liebe."

Fabian und Sophie schauten aus dem Fenster. Sie sahen Kinder, die mit ihren Eltern lachten, alte Freunde, die sich umarmten, und Familien, die gemeinsam sangen. Es war ein Anblick voller Freude und Glück, Fabien und Sophie spürten, wie ihre Herzen warm wurden.

Schließlich hielt der Zug an einem wunderschönen, verschneiten Ort, wo ein riesiger Weihnachtsbaum stand, dessen Sterne bis in den Himmel reichten. Der Schaffner führte Fabian und Sophie zu einem kleinen Tisch. Darauf standen zwei winzige, goldene Glöckchen.

"Was immer ihr euch wünscht, wenn ihr diese Glöckchen läutet, wird es in Erfüllung gehen," sagte er. "Aber denkt daran: Die wahren Weihnachtswünsche kommen von Herzen."

Fabian und Sophie sahen sich an. Sie wussten sofort, was sie sich wünschten. Fabian nahm ein Glöckchen in die Hand und läutete es sanft. "Ich wünsche mir, dass meine Schwester immer glücklich ist," flüsterte er.

Sophie griff nach dem anderen Glöckchen und läutete es. "Ich wünsche mir, dass mein Bruder immer bei mir bleibt und dass wir immer Freunde sind," sagte sie leise.

Der Weihnachtsbaum leuchtete heller, als die Glöckchen erklangen. Der Schaffner nickte zufrieden. "Ihr habt den wahren Weihnachtszauber gefunden," sagte er. "Eure Wünsche sind aus Liebe gemacht. Und das ist das schönste Geschenk, das es gibt."

Langsam brachte der Zug Fabian und Sophie zurück zum alten Bahnhof. Als sie ausstiegen, wussten sie, dass sie etwas Besonderes erlebt hatten. Sie liefen Hand in Hand nach Hause, die Herzen voller Glück und Liebe.

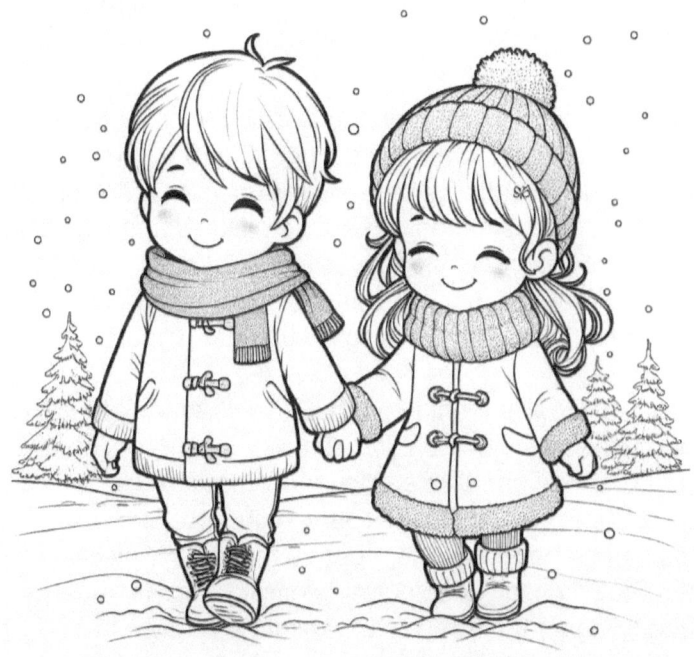

Am nächsten Morgen, als sie aufwachten, fanden sie zwei kleine Glöckchen auf ihren Kopfkissen. Sie wussten, dass es kein Traum gewesen war. Ihre Wünsche waren wahr geworden – nicht durch Geschenke, sondern durch die Liebe, die sie füreinander empfanden.

Fabian und Sophie wussten, dass dies das schönste Weihnachtsfest war, das sie je erlebt hatten, und dass der Weihnachtszauber immer in ihren Herzen bleiben würde.

Der verlorene Wunschbrief

In einem kleinen, verschneiten Dorf lebten zwei Kinder, die beste Freunde waren: Paul und Mia. Sie kannten sich seit dem Kindergarten und verbrachten fast jede freie Minute miteinander. Besonders zur Weihnachtszeit liebten sie es, im Schnee zu spielen, Kekse zu backen und ihre Wunschzettel an den Weihnachtsmann zu schreiben. Dieses Jahr jedoch war etwas anders.

Mias Familie war nicht besonders wohlhabend. Ihr Papa hatte vor kurzem seinen Job verloren, und ihre Mama arbeitete hart, um die Familie über Wasser zu halten. Mia wusste, dass es dieses Jahr keine großen Geschenke geben würde, aber es machte ihr nichts aus. Sie wünschte sich nur eine einzige Sache: einen neuen Schal für ihren Papa, der immer so sehr fror, wenn er draußen Schnee schippte. Also setzte sie sich eines Abends an den Tisch und schrieb ihren Wunsch auf einen kleinen Brief an den Weihnachtsmann.

Paul, der im Nachbarhaus lebte, schaute aus dem Fenster und sah Mia. Er freute sich auf Weihnachten, denn seine Eltern hatten ihm erzählt, dass es dieses Jahr eine besondere Überraschung für ihn geben würde. Er sah Mia, die gerade ihren Brief zusammenfaltete und in eine kleine rote Kiste legte. Diese Kiste stellte sie jedes Jahr draußen vor die Tür, damit der Weihnachtsmann sie abholen konnte.

Am nächsten Morgen, als Mia aufwachte, stellte sie entsetzt fest, dass die Kiste leer war und der Wind den Brief weggeweht hatte. Sie suchte überall im Schnee, aber der Wunschbrief war verschwunden.

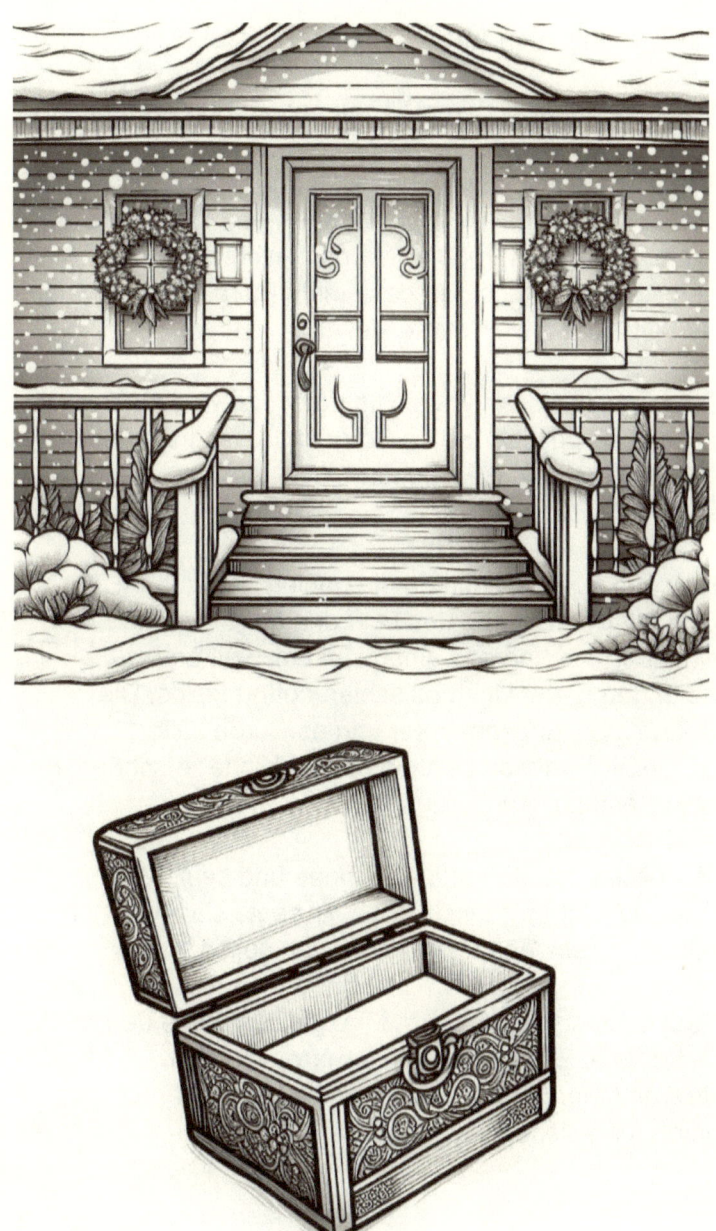

Mit Tränen in den Augen ging sie zu Paul.

"Was ist los, Mia?", fragte Paul besorgt, als er sie sah.

Mia wischte sich die Tränen weg und erzählte ihm, was passiert war. "Mein Wunschbrief ist weg. Jetzt wird der Weihnachtsmann meinen Wunsch nicht bekommen, und ich wollte doch nur, dass mein Papa einen warmen Schal bekommt," flüsterte sie.

Paul sah, wie sehr Mia sich sorgte, und wusste, dass er etwas tun musste. "Keine Sorge, Mia," sagte er fest. "Wir werden den Brief finden. Lass uns gemeinsam suchen."

Den ganzen Tag suchten die beiden Freunde im Schnee, liefen durch das Dorf und fragten sogar die Nachbarn, ob jemand einen kleinen, weißen Brief gefunden hätte. Doch es schien hoffnungslos. Die Sonne ging langsam unter und es wurde kälter. Schließlich setzten sich die beiden Kinder erschöpft auf eine Bank am Rande des Parks.

Mia blickte traurig auf den Schnee und seufzte. "Vielleicht ist es zu viel verlangt," sagte sie leise. "Ich hätte mir kein Geschenk wünschen sollen."

Paul legte seinen Arm um Mia und schüttelte den Kopf. "Nein, Mia. Es war ein wunderbarer Wunsch. Und weißt du was? Manchmal geschehen die schönsten Dinge, wenn man sie am wenigsten erwartet."

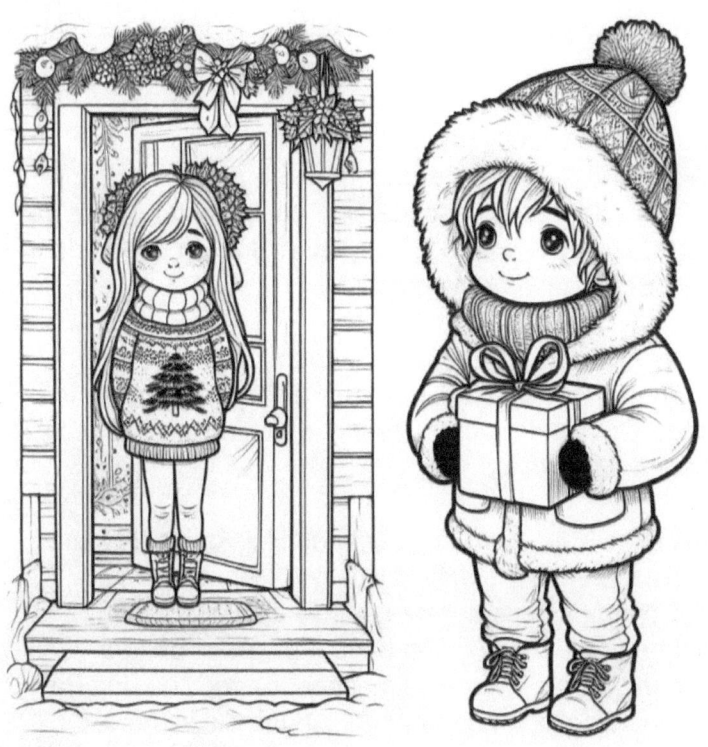

Am Heiligabend saßen Mia und ihre Familie zusammen am Tisch. Obwohl es keine großen Geschenke gab, war die Atmosphäre warm und voller Liebe. Plötzlich klopfte es an der Tür. Mia sprang auf und öffnete sie.

Draußen"Frohe Weihnachten, Mia," sagte er und reichte ihr das Päckchen.

Mia nahm es erstaunt entgegen und öffnete es vorsichtig. Ihr Herz machte einen Sprung: Es war ein weicher, handgestrickter Schal in leuchtendem Blau. Genau die Farbe, die ihr Papa so sehr liebte.

"Aber… wie hast du das gemacht?", fragte sie, Tränen in den Augen.

Paul lächelte schüchtern. "Ich habe meinen Weihnachtswunsch geändert. Ich habe dem Weihnachtsmann geschrieben und ihm erzählt, was du dir wirklich wünschst. Meine Mama und ich haben dann den Schal zusammen gestrickt."

Mias Augen füllten sich mit Tränen, doch es waren Tränen des Glücks. Sie lief zu Paul und umarmte ihn fest. "Du bist der beste Freund, den man sich wünschen kann," flüsterte sie.

Als Mias Papa den Schal um den Hals gelegt bekam, sah er überrascht aus. Er wusste nicht, dass sein Geschenk aus dem Herzen eines kleinen Jungen stammte, der alles getan hatte, um seiner besten Freundin eine Freude zu machen. Er zog Mia und Paul in eine warme Umarmung und spürte die Wärme, die aus dem blauen Schal strömte – es war die Wärme von Freundschaft und Liebe.

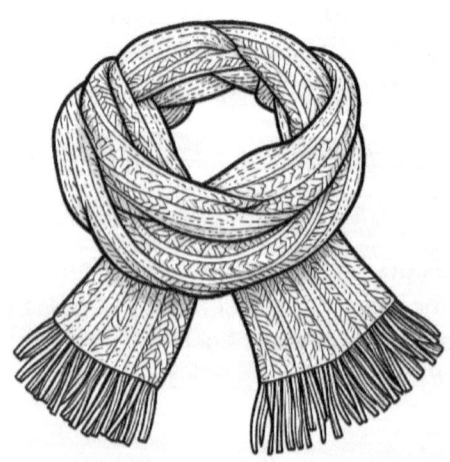

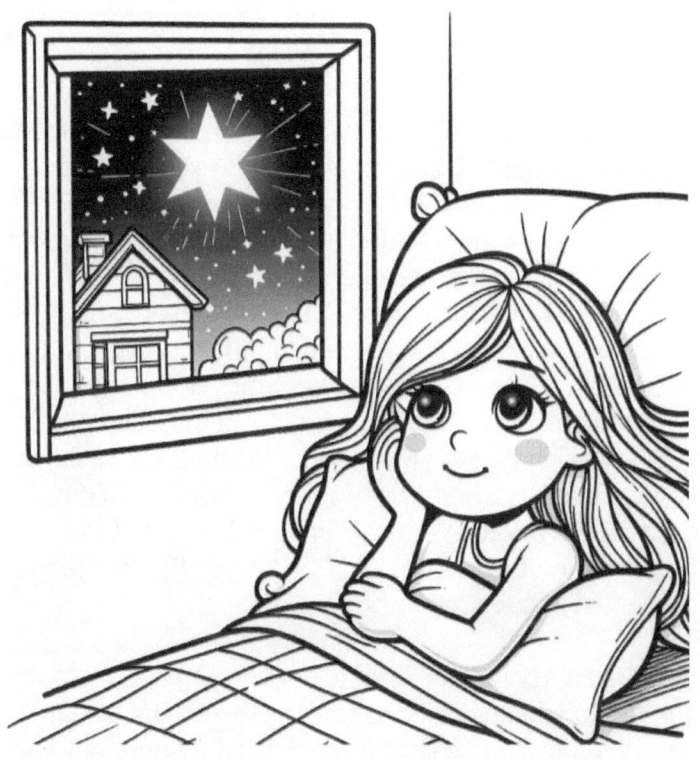

In dieser Nacht, als Mia in ihrem Bett lag, schaute sie aus dem Fenster und sah einen hellen Stern am Himmel, der über ihrem Haus leuchtete. Sie wusste, dass der Weihnachtsmann ihren Wunsch irgendwie gehört hatte – nicht, weil sie den Brief geschrieben hatte, sondern weil der Weihnachtszauber durch die Herzen der Menschen wirkt, die einander lieben.

Paul und Mia hatten beide ihr schönstes Weihnachtsfest erlebt, und während die Schneeflocken sanft vom Himmel fielen, wussten sie, dass Freundschaft das wertvollste Geschenk war, das man an Weihnachten bekommen konnte.

Die kleine Laterne im Schnee

Es war ein verschneiter Dezemberabend in der kleinen Stadt Winterbach. Der Schnee bedeckte die Straßen wie eine weiche, weiße Decke, und überall in den Fenstern leuchteten Lichterketten und funkelnde Sterne. In einem kleinen, gemütlichen Haus lebte die siebenjährige Alisa mit ihren Eltern. Alisa liebte die Weihnachtszeit, doch in diesem Jahr fühlte sich etwas anders an. Ihr kleiner Bruder war erst vor ein paar Wochen geboren worden, und ihre Eltern hatten alle Hände voll zu tun. Alisa verstand das natürlich, aber sie vermisste die besonderen Momente, die sie sonst gemeinsam erlebten – das Plätzchenbacken, das Schmücken des Baumes und die langen Spaziergänge durch den glitzernden Schnee.

An diesem Abend war Alisa alleine draußen. Sie stapfte durch den frischen Schnee und fühlte sich ein wenig traurig. Plötzlich. Vorsichtig hob sie die Laterne auf. Sie war aus glänzendem Messing, und obwohl sie klein war, strahlte sie ein warmes, sanftes Licht aus.

„Was machst du hier draußen?", fragte Alisa leise und hielt die Laterne in ihren Händen. Natürlich erwartete sie keine Antwort. Doch zu ihrem Erstaunen begann das Licht der Laterne heller zu leuchten, und aus dem Inneren hörte sie ein zartes Klingeln, wie das eines kleinen Glöckchens.

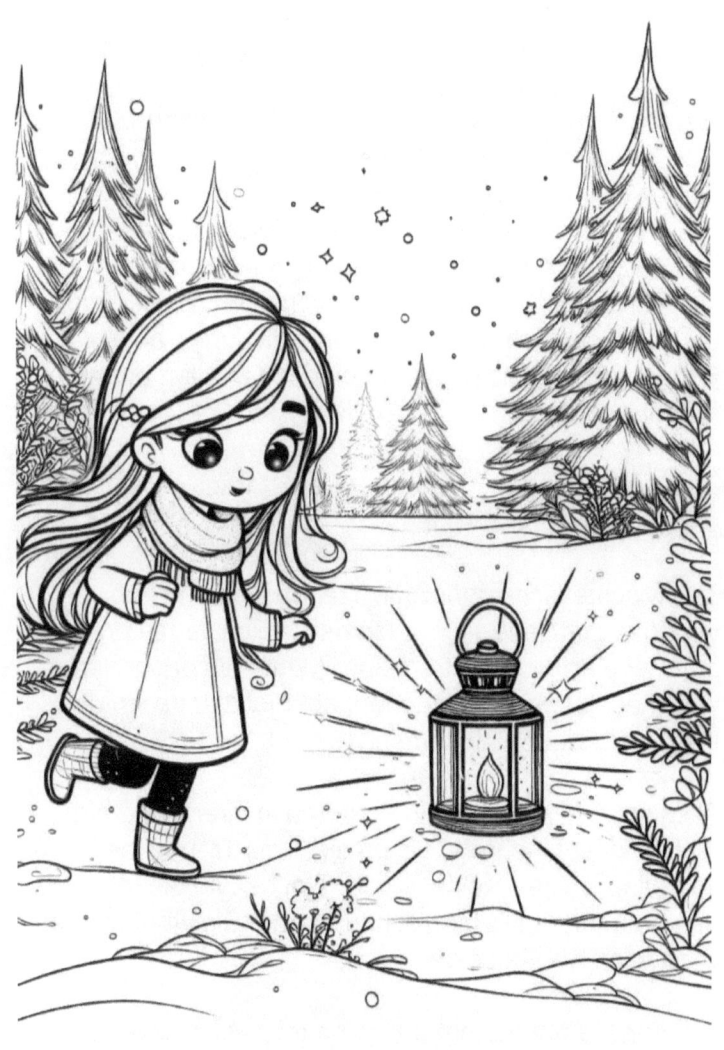

„Du bist also eine magische Laterne!", rief Alisa begeistert. „Willst du mich begleiten?" Das Licht flackerte fröhlich auf, als ob es ihr zustimmte. Alisa lächelte und fühlte sich sofort ein wenig weniger alleine.

Gemeinsam liefen sie weiter durch den Schnee. Alisa hielt die Laterne fest in ihren Händen, und ihr warmes Licht wies ihnen den Weg. Plötzlich hörten sie ein leises Weinen. Alisa blieb stehen und sah sich um. In der Nähe eines großen Tannenbaums entdeckte sie einen kleinen Jungen, der zusammengerollt im Schnee saß und leise schluchzte. Es war Tim, ein Junge aus ihrer Schule, der oft alleine war und selten mit den anderen Kindern spielte.

„Tim, was machst du hier draußen?", fragte Alisa sanft und setzte sich neben ihn.

Tim wischte sich schnell die Tränen weg und sah verlegen zur Seite. „Ich... ich habe mich verlaufen," murmelte er. „Ich wollte meiner Mama ein besonderes Weihnachtsgeschenk suchen, aber jetzt finde ich den Weg nach Hause nicht mehr."

Alisa spürte, wie die kleine Laterne in ihrer Hand ein wenig heller leuchtete, als ob sie Tims Traurigkeit aufhellen wollte. „Keine Sorge, Tim," sagte sie lächelnd. „Ich habe hier eine magische Laterne. Sie wird uns den Weg nach Hause zeigen."

Tim sah sie überrascht an. „Eine magische Laterne?"

Alisa nickte. „Ja, sie hat mich gefunden, als ich traurig war. Vielleicht will sie uns beiden helfen."

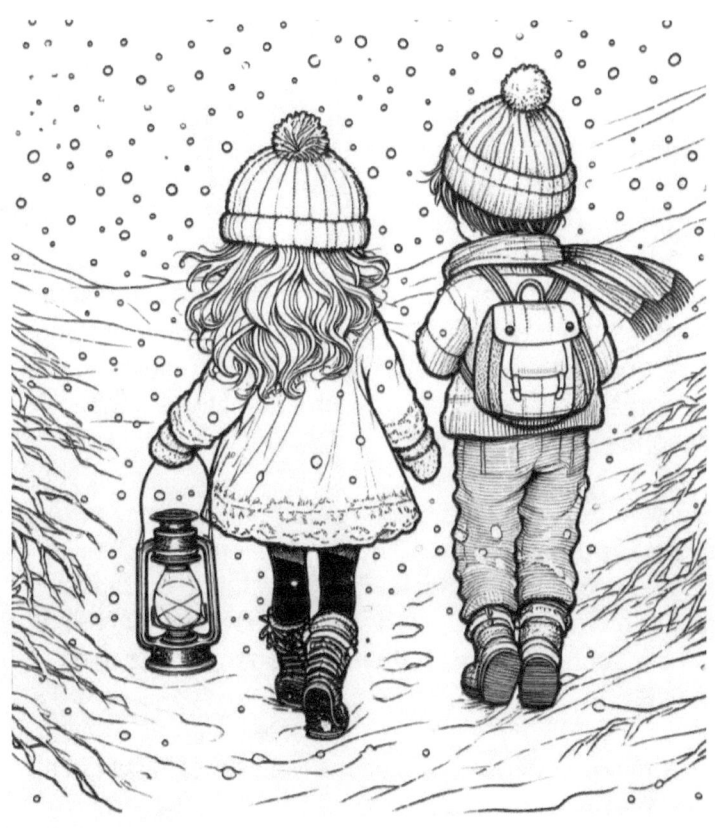

Gemeinsam machten sie sich auf den Weg zurück ins Dorf. Die Laterne leuchtete ihnen den Weg, und obwohl der Schnee dicht fiel und der Wind wehte, fühlten sich Alisa und Tim geborgen. Sie erzählten sich Geschichten, lachten und fühlten sich bald wie alte Freunde. Alisa erzählte von ihrem kleinen Bruder und wie anders sich Weihnachten dieses Jahr anfühlte. Tim erzählte von seiner Mama, die dieses Jahr nicht genug Geld für viele Geschenke hatte und wie sehr er sich wünschte, ihr etwas Besonderes zu schenken.

Als sie schließlich Tims Haus erreichten, verabschiedete sich Alisa von ihrem neuen Freund. Tim sah die kleine Laterne an, die immer noch in Alisa's Hand leuchtete. „Danke, Alisa," sagte er leise. „Und danke, kleine Laterne." Das Licht der Laterne flackerte, als ob sie Tim zulächeln wollte.

Alisa ging nach Hause, die Laterne immer noch fest in ihren Händen. Als sie die Tür öffnete, stand ihre Mama dort, den kleinen Bruder im Arm. Alisa war glücklich die beiden zu sehen und dachte „ich habe etwas ganz Besonderes, eine Familie."

Sie ging ins Haus und spielte den ganzen Abend mit ihrem Bruder und den Eltern. Am späten Abend stellte Alisa die kleine Laterne auf ihren Nachttisch. „Danke," flüsterte sie, „dass du mir geholfen hast, Tim zu finden, ich bin auch dankbar für meinen kleinen Bruder und meine Eltern."

In dem Moment passierte etwas Magisches: Das Licht der Laterne begann zu tanzen und sich in tausend kleine funkelnde Lichter aufzulösen, die den Raum wie glitzernde Schneeflocken füllten. Alisa konnte kaum glauben, was sie sah. „Was passiert?", fragte sie staunend.

Eine leise, warme Stimme ertönte in ihrem Zimmer. „Ich bin der Geist der Weihnacht," flüsterte die Laterne, „und mein Licht leuchtet nur für jene, die an den Zauber der Weihnachtszeit glauben. Dein Wunsch nach einem besonderen Weihnachtsgefühl hat mich gerufen."

„Und jetzt?", fragte Alisa. „Wirst du gehen?"

„Ich bin immer da, in den Herzen der Menschen, die Freude teilen," antwortete die Laterne. „Und du, Alisa, hast heute Abend wahre Weihnachtsfreude gebracht – nicht nur zu Tim, sondern auch zu deiner Familie und zu dir selbst. Wenn du jemals wieder den Zauber brauchst, schau in dein Herz."

Mit diesen Worten verlosch das Licht, und Alisa wusste, dass sie etwas ganz Besonderes erlebt hatte. Am nächsten Morgen fand sie an ihrem Bett ein kleines Geschenk, das sie mit einem Lächeln öffnete. Es war eine winzige Messinglaterne, die genau wie die magische Laterne aussah, nur kleiner – ein Andenken an die Nacht, in der sie den Weihnachtszauber gefunden hatte.

Alisa hielt die kleine Laterne fest und wusste, dass sie diesen Weihnachtsabend nie vergessen würde. Sie hatte gelernt, dass der wahre Zauber von Weihnachten im Herzen liegt und in den kleinen Gesten, die wir einander schenken.

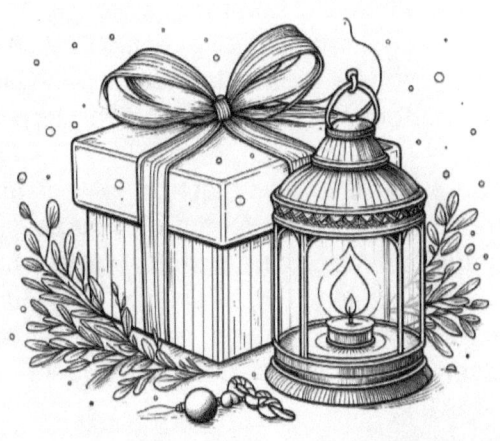

Der verlorene Weihnachtsstern

Im kleinen Dorf Sternenwald lebten zwei beste Freunde: Ben und Lena. Ben war ein aufgeweckter Junge mit wilden braunen Locken und einem breiten Lächeln, das alle ansteckte. Lena hingegen war ruhiger, verträumt und immer auf der Suche nach den kleinen Wundern des Alltags. Die beiden kannten sich seit dem Kindergarten und waren unzertrennlich.

Jedes Jahr zur Weihnachtszeit hatten sie eine Tradition: Sie stiegen auf den höchsten Hügel des Dorfes, um den großen Weihnachtsstern zu beobachten, der jedes Jahr am Heiligabend am hellsten leuchtete. Doch in diesem Jahr war etwas anders. Es war der Abend vor Weihnachten, und der Himmel war wolkenverhangen. Kein einziger Stern war zu sehen.

„Ben, was ist, wenn der Weihnachtsstern dieses Jahr gar nicht erscheint?", fragte Lena leise. Ihre Augen waren voller Sorge. „Ohne den Stern fühlt sich Weihnachten nicht richtig an."

Ben, der sah, wie traurig Lena war, legte seinen Arm um sie. „Keine Sorge, Lena," sagte er entschlossen. „Vielleicht müssen wir dieses Jahr einfach ein bisschen mehr suchen. Komm mit, wir werden den Stern finden!"

Lena nickte, und zusammen machten sie sich auf den Weg durch das verschneite Dorf. Der Schnee glitzerte im Licht der Straßenlaternen, und die Weihnachtsdekorationen funkelten in den Fenstern der Häuser. Die beiden Freunde marschierten durch die Nacht, fest entschlossen, den Weihnachtsstern zu finden.

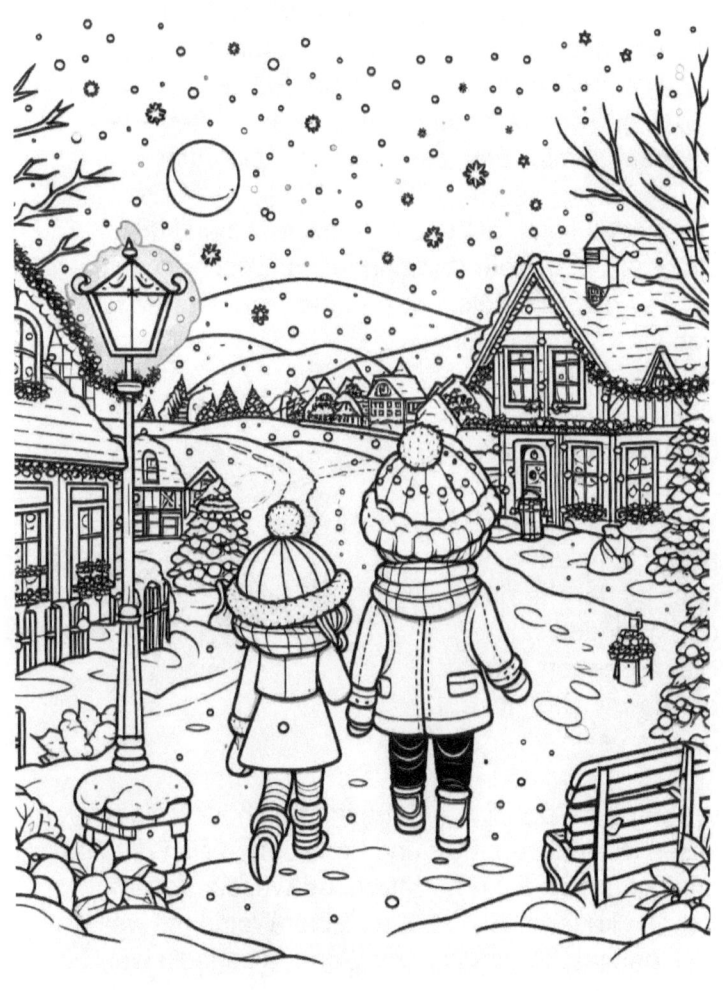

„Aber wo suchen wir zuerst?", fragte Lena.

Ben kratzte sich nachdenklich am Kopf. „Vielleicht am Rand des Waldes? Dort, wo es am dunkelsten ist, könnte der Stern am hellsten leuchten."

Sie gingen in den Wald, und je tiefer sie hineinliefen, desto dunkler und stiller wurde es. Nur der Klang ihrer Schritte im Schnee begleitete sie. Plötzlich sah Lena etwas glitzern, versteckt zwischen den Ästen eines Tannenbaums. „Ben, sieh mal!", rief sie aufgeregt.

Die beiden liefen hin und entdeckten einen kleinen, silbernen Stern, der im Schnee lag. Er schien fast wie ein Teil des Himmels, der heruntergefallen war. Lena hob ihn vorsichtig auf.
„Ist das... der Weihnachtsstern?", fragte sie ungläubig.

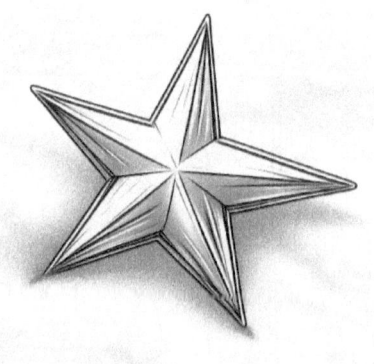

Ben schüttelte den Kopf. „Ich glaube nicht, dass es der Stern ist, den wir jedes Jahr am Himmel sehen," sagte er, „aber es könnte ein Zeichen sein."

Während sie den Stern betrachteten, hörten sie ein leises Schluchzen. Ben und Lena sahen sich um und entdeckten ein kleines, zitterndes Wesen, das im Schnee kauerte. Es war ein kleiner Welpe mit weißem Fell, das fast vollständig von Schnee bedeckt war. Er sah verängstigt und verloren aus.

„Oh nein, der arme Kerl!", sagte Lena und kniete sich nieder, um ihn vorsichtig hochzuheben. „Wo kommst du denn her?"

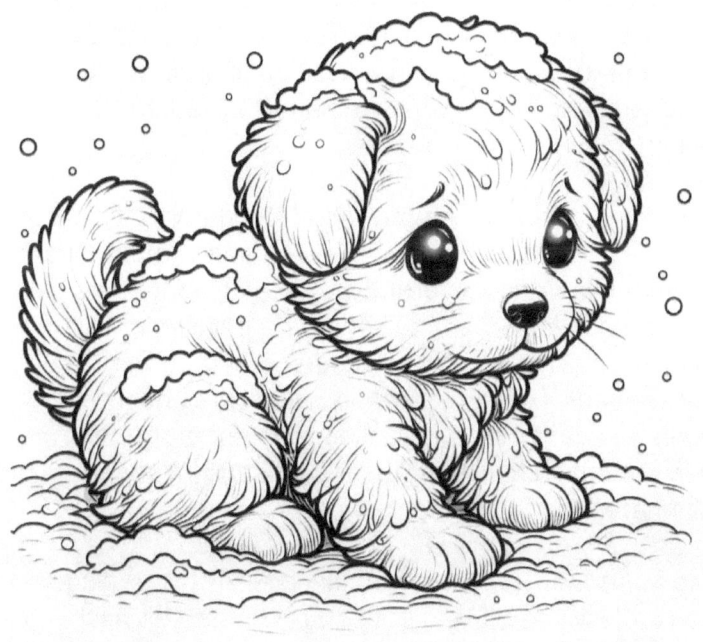

Der Welpe leckte ihre Hand und sah sie mit großen, traurigen Augen an. Ben streichelte den Hund sanft. „Vielleicht ist er auch auf der Suche nach dem Weihnachtsstern," sagte er leise. „Oder nach einem Zuhause."
Lena sah auf den silbernen Stern in ihrer Hand und dann auf den kleinen Welpen. „Weißt du, Ben," sagte sie, „vielleicht ist er genau das Weihnachtswunder, das wir dieses Jahr finden sollten."

Ben lächelte. „Du hast recht, Lena. Der Weihnachtsstern mag vielleicht nicht am Himmel leuchten, aber vielleicht leuchtet er in den Augen dieses kleinen Hundes."

Die beiden Freunde beschlossen, den Welpen mit nach Hause zu nehmen. Auf dem Weg dorthin merkte Lena, dass der kleine Stern in ihrer Hand immer heller zu leuchten begann, je näher sie dem Dorf kamen. Es war, als ob er ihnen den Weg wies.

Als sie das Dorf erreichten, sahen sie, dass sich die Nachbarn auf dem Marktplatz versammelt hatten. Alle schauten erwartungsvoll in den Himmel, aber es war immer noch kein Stern zu sehen. Da trat Ben mit dem Welpen im Arm vor und zeigte den silbernen Stern. „Wir haben heute Nacht etwas Besonderes gefunden," erklärte er laut. „Vielleicht ist es nicht der große Stern, den wir sonst am Himmel sehen, aber es ist unser eigener kleiner Weihnachtsstern."

Die Menschen staunten, und ein leises Raunen ging durch die Menge. Dann trat Lenas Großmutter nach vorne, ihre Augen strahlten vor Freude. „Das ist der alte Stern meiner Mutter," flüsterte sie. „Er ist vor vielen Jahren verloren gegangen. Er bringt den Menschen Glück, die ihn finden."

Lena und Ben sahen sich überrascht an. „Vielleicht war es Schicksal, dass wir ihn heute Nacht gefunden haben," sagte Lena leise.

Die Großmutter nahm den Stern in die Hand und hielt ihn hoch, damit alle ihn sehen konnten. Plötzlich riss der dichte Wolkenhimmel auf, und ein heller, funkelnder Stern erschien am Himmel – der Weihnachtsstern, den alle erwartet hatten. Die Menschen jubelten, und der Marktplatz erstrahlte im Licht des Himmels.

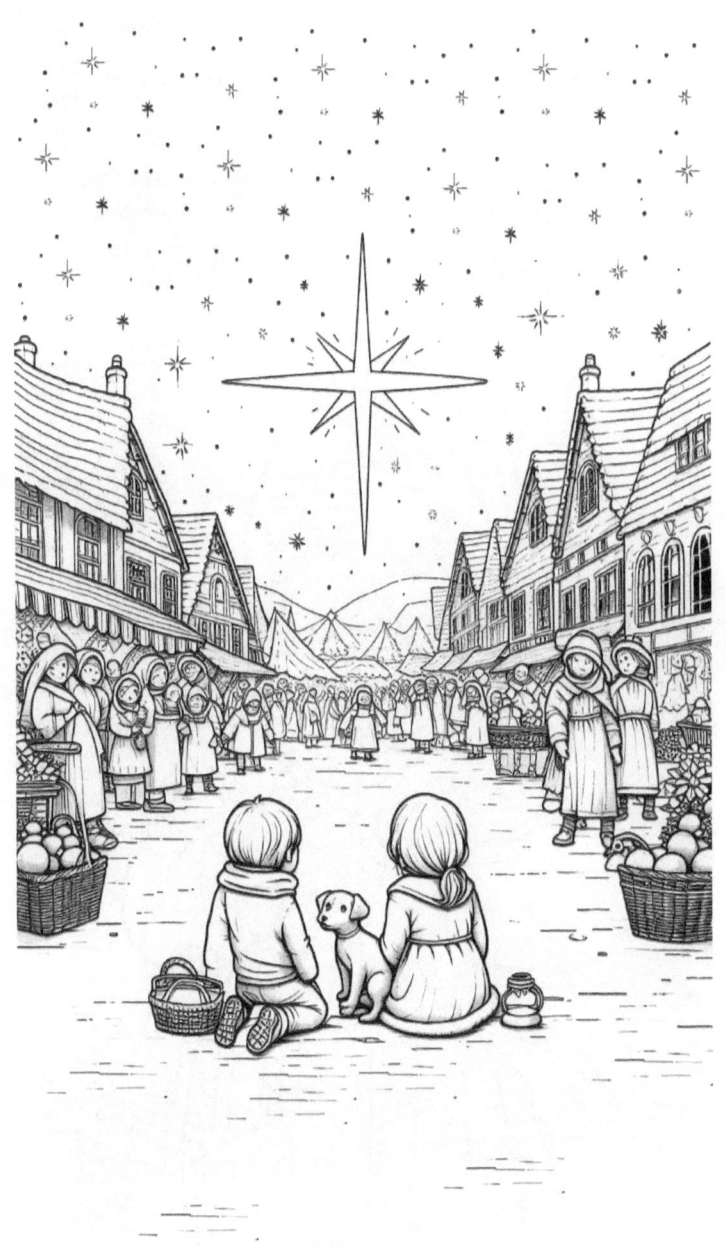

Lena sah den kleinen Welpen an, der nun glücklich in Bens Armen lag. „Und was machen wir jetzt mit dir?", fragte sie sanft.

Da trat „Das ist mein kleiner Hund, den ich verloren glaubte," sagte sie. „Er ist weggelaufen, als ich ihn das letzte Mal aus dem Haus ließ. Ich dachte, ich würde ihn nie wiedersehen."

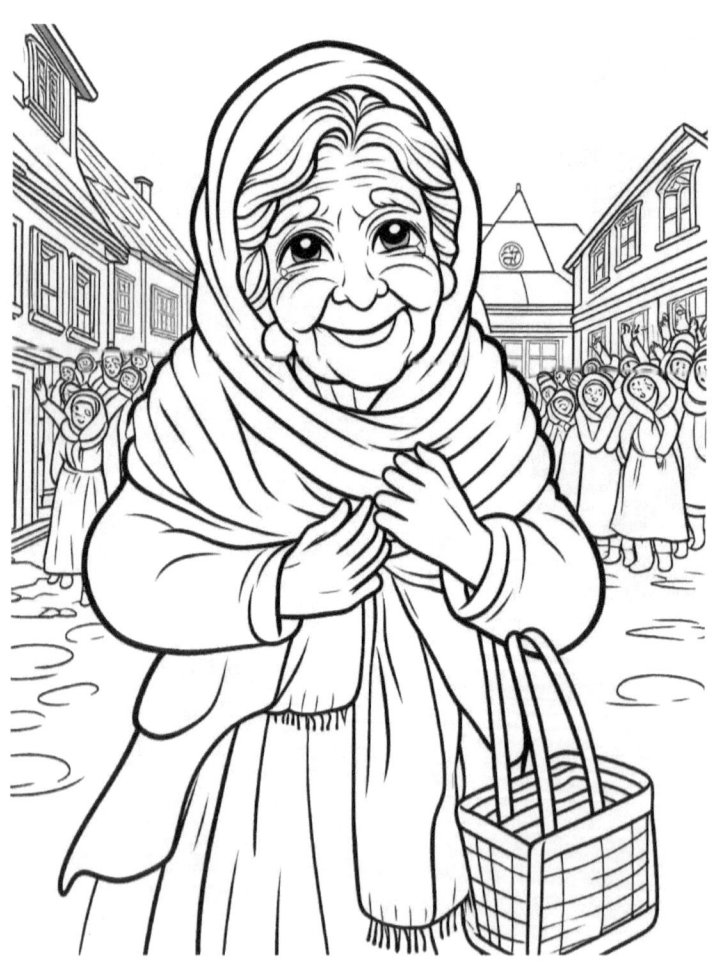

Ben reichte ihr den Welpen, und sie drückte ihn fest an sich. „Danke, ihr beiden," sagte sie voller Rührung. „Ihr habt mir das schönste Weihnachtsgeschenk gemacht."

Die Menschen um sie herum lächelten, und es fühlte sich an, als ob das ganze Dorf an diesem Abend näher zusammengerückt wäre. Ben und Lena wussten, dass sie das wahre Weihnachtswunder erlebt hatten – nicht in Form eines leuchtenden Sterns, sondern in der Form eines verlorenen Hundes, der wieder nach Hause gefunden hatte und eines silbernen Sterns, der die Herzen der Menschen erwärmte.

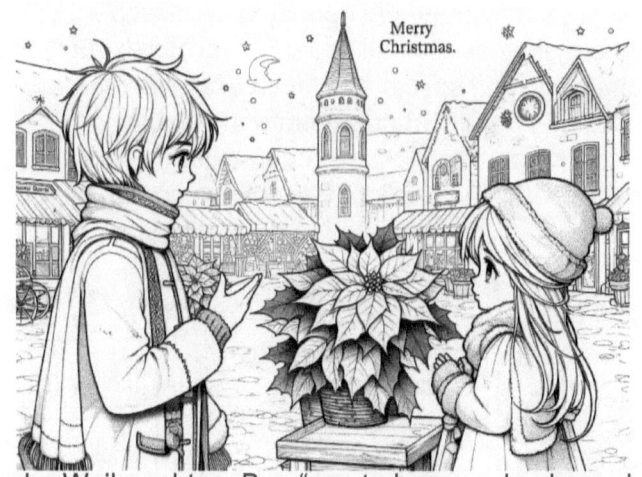

„Frohe Weihnachten, Ben," sagte Lena und nahm seine Hand.

„Frohe Weihnachten, Lena," antwortete Ben. Und als sie gemeinsam den hellen Weihnachtsstern am Himmel betrachteten, wussten sie, dass dieser Abend für immer in ihren Herzen leuchten würde.

Der Schneemann der Freundschaft

Im kleinen Dorf Lichttal war die Weihnachtszeit eingekehrt, und ein dicker weißer Schnee hatte die Straßen und Häuser wie ein glitzerndes Märchenland bedeckt. Die Kinder freuten sich auf die Ferien, das Schlittenfahren und den Heiligabend, an dem es Geschenke geben würde. Doch unter ihnen gab es zwei Kinder, die unterschiedlicher nicht sein könnten: Lukas und Anna.

Lukas war der Sohn einer wohlhabenden Familie. Sein Zuhause war das größte Haus im Dorf, und seine Eltern schenkten ihm immer die neuesten Spielsachen. Er hatte ein eigenes Zimmer voller bunter Spielzeuge und Bücher, doch oft spielte er allein. Lukas war zwar ein freundlicher Junge, aber er verstand nicht, warum manche Kinder keine Spielsachen hatten. Weihnachten bedeutete für ihn vor allem Geschenke und Leckereien.

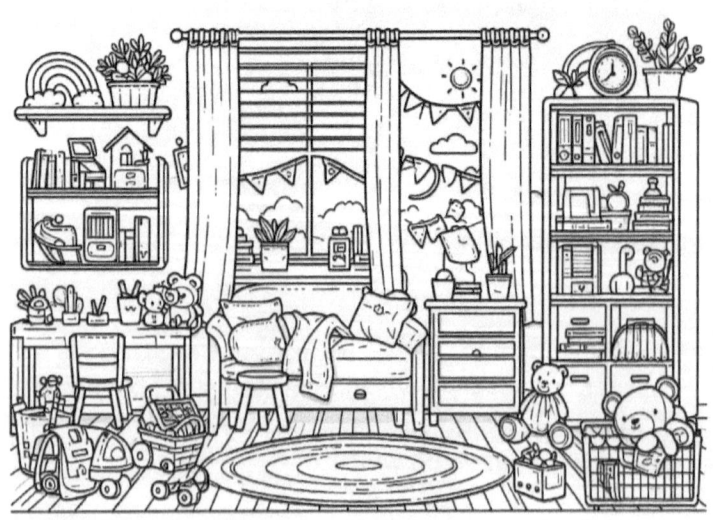

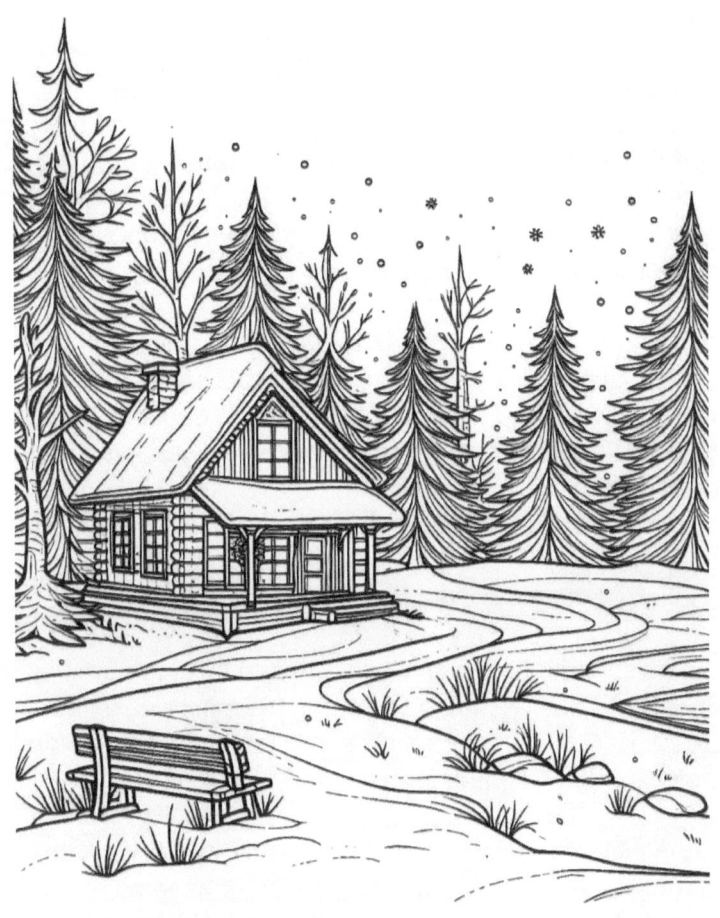

Anna hingegen lebte mit ihrer Mutter in einem kleinen Häuschen am Waldrand. Ihr Vater war vor ein paar Jahren fortgegangen, und seitdem hatten sie oft nur wenig Geld. Trotzdem liebte Anna die Weihnachtszeit über alles. Sie wusste, dass es keine großen Geschenke geben würde, aber sie freute sich auf die kleinen Dinge: die Schneeflocken, das gemeinsame Singen und den warmen Kakao, den ihre Mutter für sie machte.

An einem verschneiten Nachmittag beschloss Lukas, hinauszugehen und einen Schneemann zu bauen. Er zog seine neue rote Winterjacke an, die er gerade erst von seinen Eltern bekommen hatte, und schnappte sich seine warme Mütze. Auf dem Dorfplatz begann er, eine riesige Schneekugel zu rollen, während die anderen Kinder um ihn herum spielten.

Anna stand am Rand des Platzes und beobachtete Lukas. Sie hatte kein eigenes Spielzeug und keine warme Jacke – nur einen dünnen Schal, den ihre Mutter gestrickt hatte. Trotzdem strahlten ihre Augen, als sie den frischen Schnee unter ihren Füßen knirschen hörte. Vorsichtig trat sie näher an Lukas heran.

„Hallo", sagte sie schüchtern. „Darf ich dir helfen?"

Lukas schaute überrascht auf. Er kannte Anna nur flüchtig aus der Schule, hatte aber nie mit ihr gespielt. „Ähm, na klar", antwortete er schließlich. „Du kannst die Arme für den Schneemann suchen."

Anna nickte begeistert und lief los, um zwei dicke Äste zu holen. Gemeinsam bauten sie den Schneemann immer größer und größer, bis er schließlich größer war als beide zusammen. Lukas gab ihm seine alte Mütze und einen Schal, den er aus seinem Rucksack holte. Anna fand zwei Steine für die Augen und einen kleinen Ast für den Mund.

„Er ist wunderschön!", rief Anna freudig. „Der schönste Schneemann, den ich je gesehen habe."

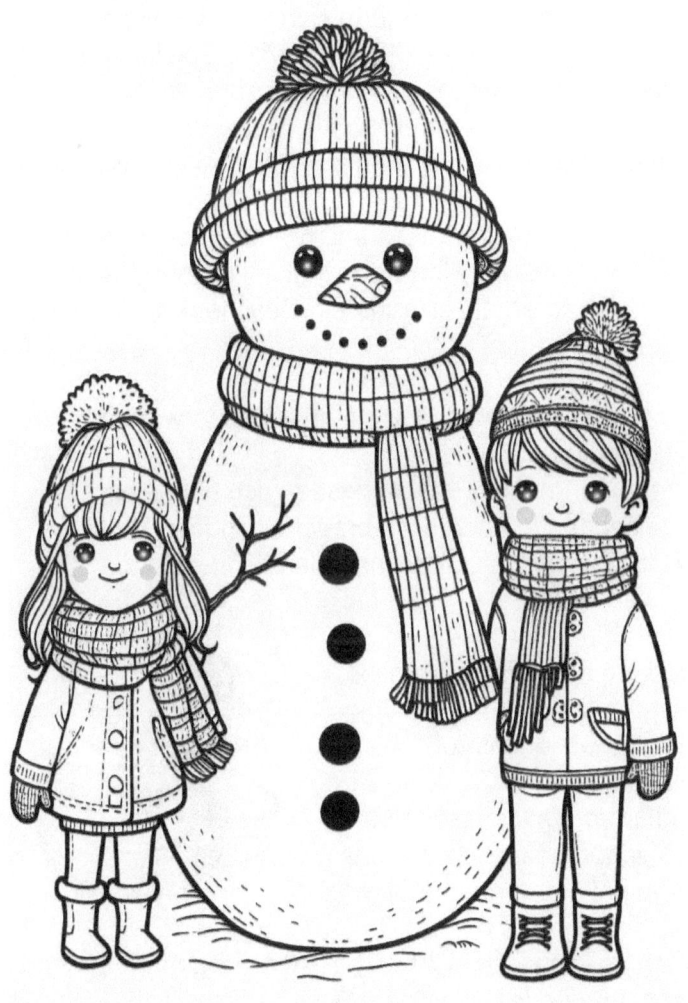

Lukas lächelte stolz, doch als er sah, dass Anna trotz des kalten Windes nur ihren dünnen Schal trug, wurde er nachdenklich. Er erinnerte sich an seine vielen Jacken zu Hause und daran, wie viele Spielsachen er hatte, die er schon lange nicht mehr benutzt hatte. Plötzlich fühlte er sich ein wenig traurig. Warum sollte er all diese Dinge haben, während Anna so wenig hatte?

„Warte kurz", sagte Lukas und rannte zu seinem Haus. Er kehrte zurück, seine Arme voll mit kleinen Päckchen. „Hier", sagte er, als er Anna ein Geschenk in die Hand drückte.

Anna schaute ihn überrascht an. „Aber... warum schenkst du mir etwas?"
„Weißt du", sagte Lukas langsam, „ich habe viele Spielsachen, mehr als ich brauche. Und es ist Weihnachten, da sollte man teilen."

Anna öffnete das kleine Päckchen und fand darin ein wunderschönes, buntes Jojo. Ihre Augen leuchteten.
„Danke, Lukas!", flüsterte sie und umarmte ihn fest. „Das ist das schönste Geschenk, das ich je bekommen habe."

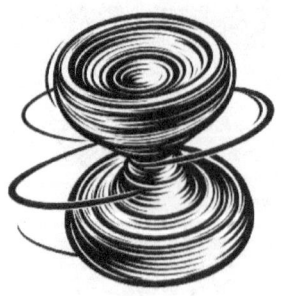

Doch es war noch nicht vorbei. Anna zog ihren dünnen Schal ab und legte ihn dem Schneemann um. „Jetzt hat er auch einen Schal", sagte sie fröhlich. „Wir haben ihm ein kleines Geschenk gemacht, genauso wie du mir eines gemacht hast."

Lukas lächelte. Es fühlte sich gut an, zu teilen, und plötzlich verstand er, was seine Eltern meinten, wenn sie sagten, dass Weihnachten mehr sei als nur Geschenke. „Du hast recht", sagte er. „Der Schneemann ist unser Freundschafts-Schneemann."

In diesem Moment kamen die anderen Kinder des Dorfes näher und staunten über den großen Schneemann. Als sie sahen, wie glücklich Lukas und Anna gemeinsam spielten, beschlossen sie, sich ihnen anzuschließen. Sie spielten zusammen bis in den Abend hinein.

Als die Nacht hereinbrach und die ersten Sterne am Himmel erschienen, saßen Lukas und Anna nebeneinander auf einer Bank und betrachteten ihren Schneemann. Die anderen Kinder waren nach Hause gegangen, aber die beiden blieben noch, um die funkelnden Lichter des Weihnachtsbaums auf dem Dorfplatz zu bewundern.

„Danke, dass du mit mir geteilt hast", sagte Anna leise. „Das war das schönste Weihnachten, das ich je hatte."

Lukas sah sie an und spürte, wie sein Herz vor Freude hüpfte. „Ich glaube, das war auch mein schönstes Weihnachten", antwortete er. „Weißt du, Anna, ich habe heute gelernt, dass es viel schöner ist, Freude zu teilen, als nur Dinge für sich selbst zu behalten."

Und so saßen sie nebeneinander und spürten die wahre Magie der Weihnachtszeit: Freundschaft!

Der vergessene Weihnachtszauber

An einem kalten Wintermorgen, kurz vor Weihnachten, war die kleine Stadt Himmelsfeld in dickem Nebel gehüllt. Die Bewohner waren damit beschäftigt, ihre Häuser zu dekorieren, Plätzchen zu backen und Geschenke einzupacken. Doch inmitten der festlichen Vorbereitungen gab es einen Ort, der seltsam ruhig und still war, dass kleine Spielzeuggeschäft am Ende der Hauptstraße.

Das Geschäft gehörte Herrn Krone, einem alten Spielzeugmacher. In diesem Jahr hatte er das Geschäft nicht geschmückt, und seine Lichter blieben dunkel. Die Kinder des Dorfes, die sonst begeistert vor den Schaufenstern standen, bemerkten die Stille und fragten sich, was geschehen war.

Im Inneren des Ladens saß Herr Krone auf einem alten Holzstuhl, seine Schultern gebeugt. Er hatte die letzten Wochen keine neuen Spielsachen mehr gefertigt und fühlte sich müde und erschöpft. Seit dem Tod seiner Frau vor einigen Jahren hatte er den Zauber der Weihnachtszeit verloren. Kein Funken Freude schien ihn mehr zu berühren, obwohl sein Laden früher das Herzstück des Weihnachtsfestes in Himmelsfeld war.

Eines Tages standen zwei Kinder vor der Tür: Tim, ein neugieriger Junge mit Sommersprossen, und seine kleine Schwester Emma, die immer ein Lächeln auf den Lippen trug. Sie liebten Herrn Krones Spielzeugladen und hatten gehofft, ihre Puppen und Zinnsoldaten wiederzusehen. Doch der Anblick des dunklen Ladens machte sie traurig.

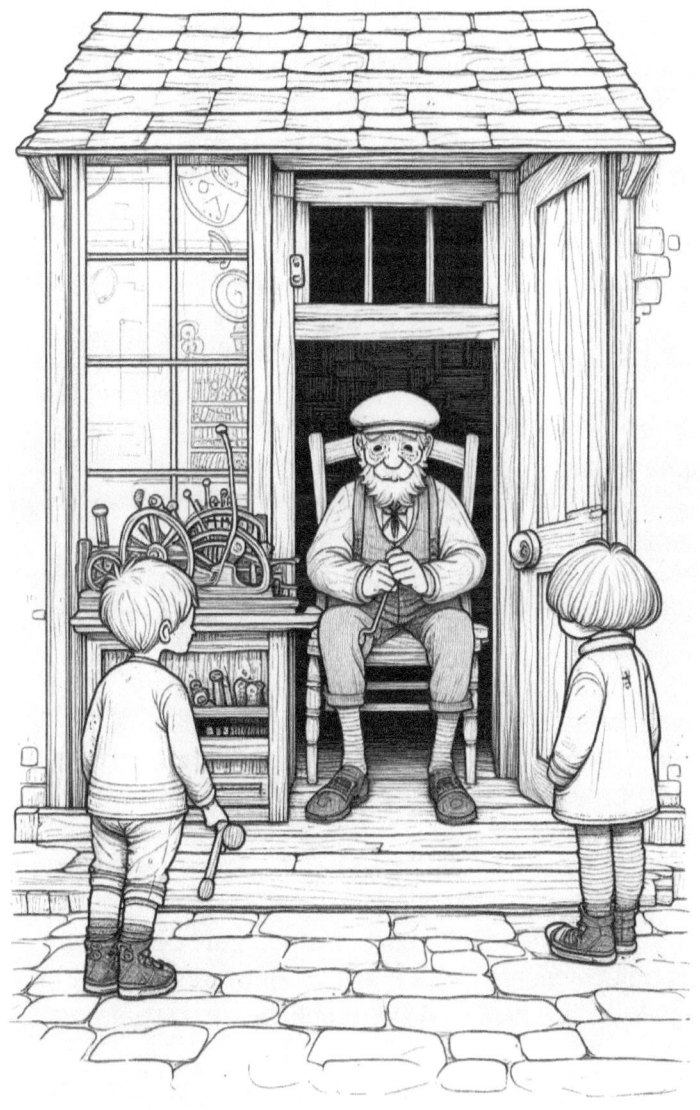

„Was ist nur los mit Herrn Krone?", fragte Emma ihren Bruder. „Warum hat er den Laden nicht geschmückt?"

Tim dachte nach. „Ich weiß nicht, Emma. Aber vielleicht können wir ihm helfen. Vielleicht hat er den Weihnachtszauber einfach vergessen."

Die beiden Kinder beschlossen, Herrn Krone zu besuchen. Als sie leise die knarrende Tür öffneten, sahen sie ihn im Laden sitzen. „Hallo, Herr Krone", sagte Tim freundlich. „Warum ist es hier so dunkel?"

Der alte Mann hob seinen Blick und sah die beiden an. „Ach, Kinder", seufzte er. „Ich bin zu alt geworden. Der Weihnachtszauber, den ihr hier einst fandet, ist längst verschwunden."

Emma trat näher, ihre großen Augen funkelten hoffnungsvoll. „Aber Herr Krone, der Weihnachtszauber ist doch in uns allen. Vielleicht haben Sie ihn nur vergessen."

Herr Krone lächelte traurig. „Vielleicht habt ihr recht, aber ich fühle ihn nicht mehr. Meine Hände zittern zu sehr, um neues Spielzeug zu machen, und mein Herz ist schwer."

Tim und Emma sahen sich an. „Wir werden Ihnen helfen, den Weihnachtszauber wiederzufinden!", rief Tim entschlossen. Und ohne eine Antwort abzuwarten, zogen sie ihre dicken Wintermäntel an und rannten aus dem Laden.

Die nächsten Tage verbrachten die Kinder damit, einen Plan zu schmieden. Sie sammelten von den Nachbarn alte Weihnachtsdekorationen, funkelnde Lichterketten und alles, was sie finden konnten, um den Laden zu schmücken. Am Abend vor Weihnachten standen sie mit all ihren gesammelten Schätzen vor Herrn Krones Tür.

„Wir haben etwas für Sie!", rief Emma fröhlich und streckte ihm eine kleine, handgefertigte Schneekugel entgegen. Innen befand sich eine Miniaturversion seines Spielzeugladens, liebevoll gebastelt aus Karton und glitzerndem Schnee.

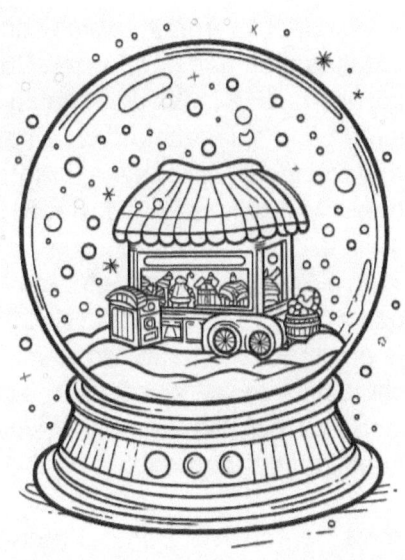

Herr Krone nahm die Schneekugel zögernd in die Hände. Er drehte sie sanft, und als die Schneeflocken in der Kugel wirbelten, erinnerte er sich an all die glücklichen Jahre, in denen er das Lachen der Kinder gehört hatte, die in seinen Laden kamen. Sein Herz wurde warm und er spürte einen kleinen Funken Freude in sich aufkeimen.

„Das ist wunderschön", sagte er leise. „Danke."

„Aber das ist noch nicht alles!", rief Tim. Die Kinder liefen zum Fenster, zogen die alten, schweren Vorhänge zur Seite und schalteten die Lichterketten ein, die sie mühsam im Laden aufgehängt hatten. Der Raum erstrahlte in warmem Licht, und die Spielsachen in den Regalen funkelten, als wären sie zum Leben erwacht.

Herr Krone stand auf, sein Blick wanderte über den liebevoll geschmückten Laden. Er fühlte sich, als wäre er aus einem langen Schlaf erwacht. „Kinder", sagte er mit Tränen in den Augen, „ihr habt mir das schönste Weihnachtsgeschenk gemacht. Ihr habt mir den Zauber der Weihnachtszeit zurückgebracht."

Die Nachricht verbreitete sich schnell, und bald kamen die Menschen aus der ganzen Stadt, um den neu erstrahlenden Spielzeugladen zu sehen. Die Kinder lachten und spielten, und die Eltern kauften kleine handgefertigte Geschenke für ihre Lieben. Es fühlte sich an, als wäre Himmelsfeld wieder zum Leben erwacht.

Am Weihnachtsmorgen öffnete Herr Krone die Türen des Ladens, und die Kinder strömten herein. Er hatte die ganze Nacht damit verbracht, kleine Spielsachen zu schnitzen – so gut er konnte mit seinen zitternden Händen. Doch die Freude in seinem Herzen hatte ihm neue Kraft gegeben.

Emma nahm seine Hand. „Frohe Weihnachten, Herr Krone", sagte sie mit einem Lächeln, das heller strahlte als alle Lichter im Laden.

„Frohe Weihnachten, meine Lieben", antwortete er. „Dank euch habe ich den Zauber wiedergefunden."

Und als sie alle zusammen lachten und spielten, spürte Herr Krone, dass die Magie des Weihnachtsfestes immer dort war, wo Liebe, Freundschaft und kleine Gesten der Güte das Herz erwärmten. Der vergessene Weihnachtszauber war zurückgekehrt, heller und schöner als je zuvor.

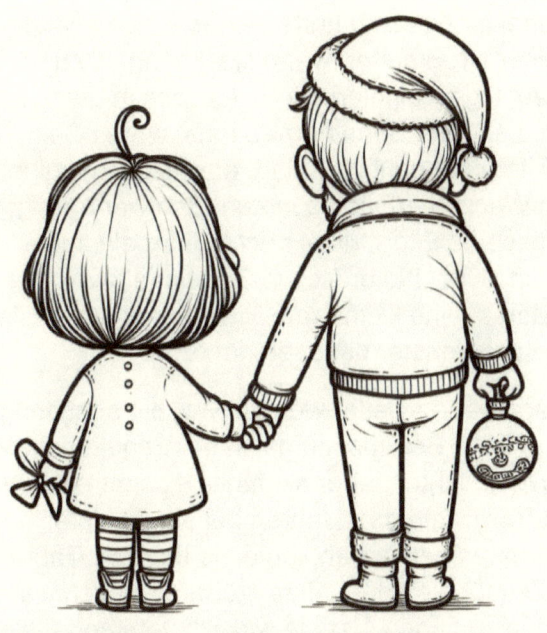

Das Geheimnis der goldenen Glocke

In einer kleinen, verschneiten Stadt, stand eine alte Kirche mit einem hohen Glockenturm. Über dem Eingang hing eine goldene Glocke, die nur zu Weihnachten geläutet wurde. Die Legende erzählte, dass der Klang der Glocke Wünsche wahr werden ließ – aber nur für diejenigen, die wirklich an den Zauber von Weihnachten glaubten.

Der siebenjährige Ben hörte die Geschichte jedes Jahr von seiner Großmutter, wenn sie ihm am Kamin Weihnachtsgeschichten erzählte. Doch in diesem Jahr war alles anders. Bens Familie hatte wenig Geld, und seine Eltern hatten ihm erklärt, dass sie ihm keinen großen Wunsch erfüllen könnten. Ben war traurig, aber er wollte seine Eltern nicht noch mehr belasten. Trotzdem wünschte er sich insgeheim etwas ganz Besonderes: eine kleine rote Eisenbahn, wie er sie in einem Schaufenster gesehen hatte.

Ein paar Straßen weiter wohnte Mia, ein achtjähriges Mädchen, das Ben manchmal in der Schule sah. Mia liebte Weihnachten, aber sie fühlte sich oft einsam. Seit ihre Eltern vor ein paar Jahren bei einem Unfall ums Leben gekommen waren, lebte sie bei ihrer Tante, die wenig Zeit für sie hatte. Mias größter Wunsch war es, jemanden zu finden, der sie wirklich verstand – einen Freund.

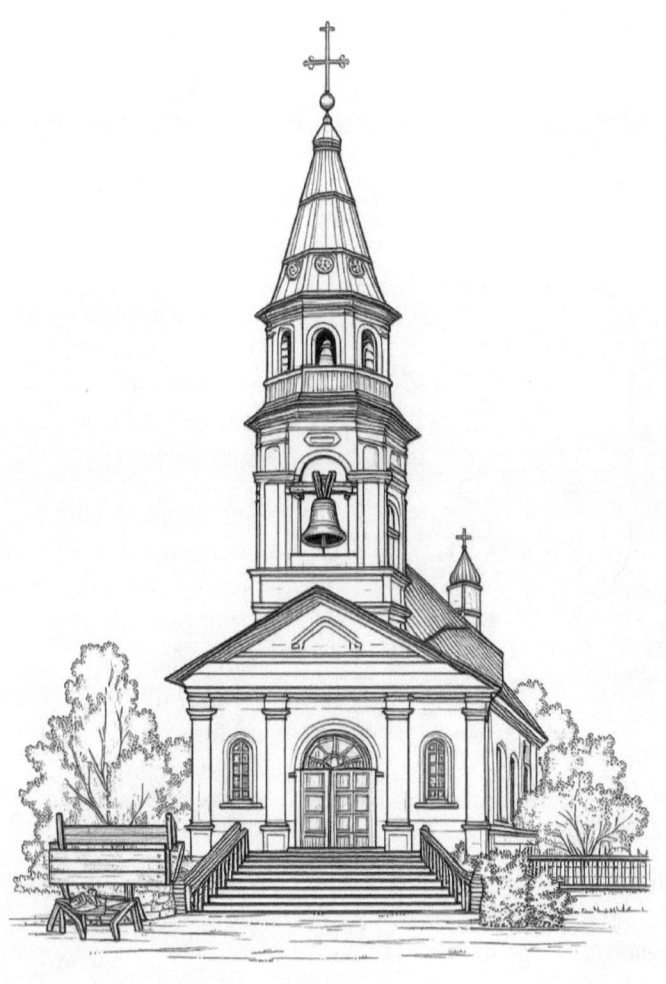

An einem frostigen Nachmittag, wenige Tage vor Weihnachten, begegneten sich Ben und Mia zufällig vor der Kirche. Beide hatten denselben Plan: Sie wollten zur goldenen Glocke hinaufsteigen, um sich etwas zu wünschen.

„Was machst du hier?", fragte Mia neugierig, als sie Ben mit einer kleinen Leiter vor der Kirchentür stehen sah.

Ben sah verlegen zu Boden. „Ich… ich wollte nur mal schauen, ob die Glocke wirklich da oben hängt."

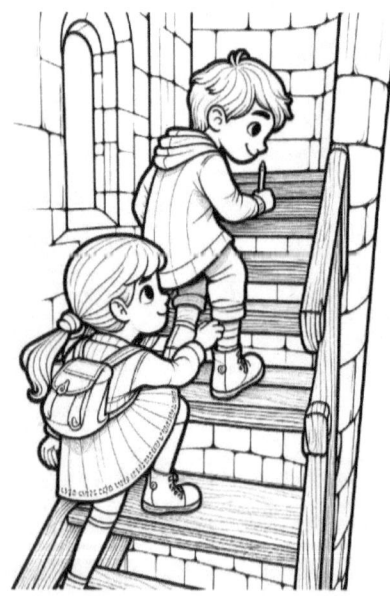

Mia lächelte. „Ich wollte dasselbe sehen. Vielleicht können wir zusammen nachsehen?"

Ben zögerte einen Moment, dann nickte er. Gemeinsam schlichen sie sich durch die alte Kirchentür hinein und erklommen vorsichtig die knarrenden Stufen zum Glockenturm. Der Aufstieg war lang, und die beiden Kinder sprachen nicht viel, doch als sie schließlich die oberste Plattform erreichten, blieb ihnen der Atem weg.

Die goldene Glocke schimmerte im Licht der tiefstehenden Wintersonne. Sie war wunderschön, und ihr glänzendes Metall spiegelte den Schnee und die funkelnden Sterne wider, die schon am Himmel zu sehen waren.

„Sie ist echt", flüsterte Ben ehrfürchtig. „Die Geschichten waren wahr."

Mia nickte, aber dann wurde ihr Gesicht ernst. „Glaubst du wirklich, dass sie Wünsche wahr macht?"

Ben überlegte. „Ich weiß es nicht… aber es wäre schön, wenn es so wäre."

Mia trat näher an die Glocke heran und legte ihre kleine Hand darauf. „Vielleicht müssen wir es einfach ausprobieren."

Die Kinder schlossen die Augen und sprachen ihre Wünsche in Gedanken aus: Ben wünschte sich die rote Eisenbahn, die er sich so sehr ersehnte, und Mia wünschte sich jemanden, der sie nie allein lassen würde. Danach standen sie schweigend da und warteten, ob etwas passieren würde.

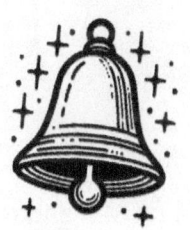

Doch nichts geschah.

„Vielleicht funktioniert es nicht", sagte Mia enttäuscht. „Vielleicht sind das alles nur Geschichten."

Ben wollte gerade etwas antworten, als sie plötzlich von unten ein leises Rascheln hörten. Neugierig liefen die beiden zurück nach unten, wo sie eine kleine Kiste entdeckten, die mitten in der Kirche stand. Auf dem Deckel lag ein Zettel: „Der wahre Zauber liegt im Geben."

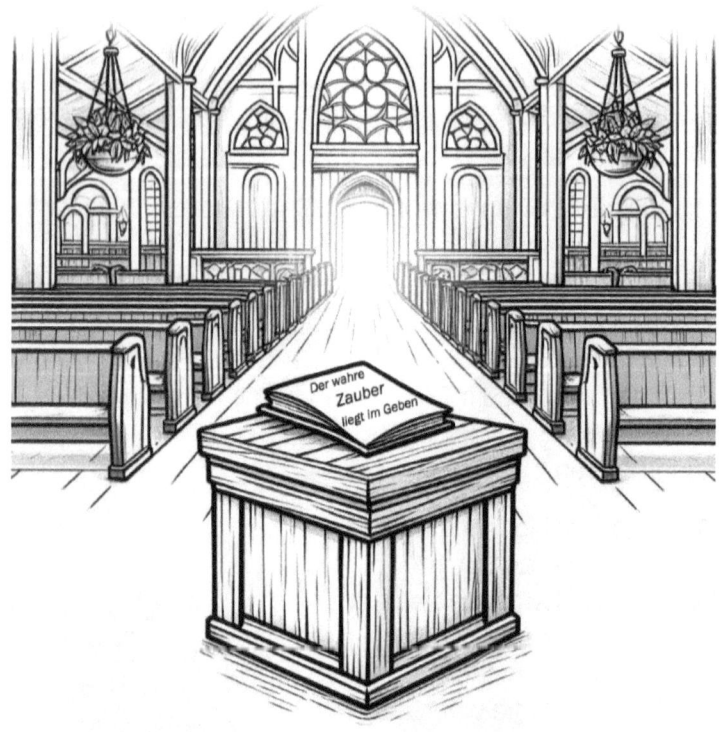

Ben und Mia sahen sich erstaunt an. Vorsichtig öffneten sie die Kiste und fanden darin allerlei Dinge: eine kleine rote Eisenbahn, ein wunderschönes selbstgestricktes Tuch, etwas Gebäck und sogar ein paar glänzende Kugeln für den Weihnachtsbaum.

„Das ist meine Eisenbahn!", rief Ben überrascht. Doch dann hielt er inne. Die Worte auf dem Zettel hallten in seinem Kopf wider. Langsam nahm er die Eisenbahn in die Hand und reichte sie Mia.

„Hier", sagte er. „Du kannst sie haben. Ich glaube, du brauchst sie mehr als ich."

Mia starrte ihn an, ihre Augen wurden feucht. „Aber… warum? Du hast sie dir doch gewünscht."Ben zuckte mit den Schultern. „Vielleicht ist es wichtiger, jemand anderem eine Freude zu machen."

Mia nahm die Eisenbahn zögernd entgegen, dann lächelte sie. „Danke, Ben. Aber weißt du was? Ich glaube, ich habe schon alles, was ich mir wünschen könnte."

Ben runzelte die Stirn. „Was meinst du?"„Einen Freund", sagte Mia leise. „Jemanden, der mich versteht."

Ben lächelte, und in diesem Moment wusste er, dass er keinen besseren Wunsch hätte äußern können. Gemeinsam packten sie die anderen Dinge aus der Kiste und beschlossen, sie im Dorf zu verteilen – an die Menschen, die sie am meisten brauchten.

Am Heiligabend läutete die goldene Glocke über das Tal und ihr Klang erfüllte die Herzen aller Dorfbewohner mit Wärme.

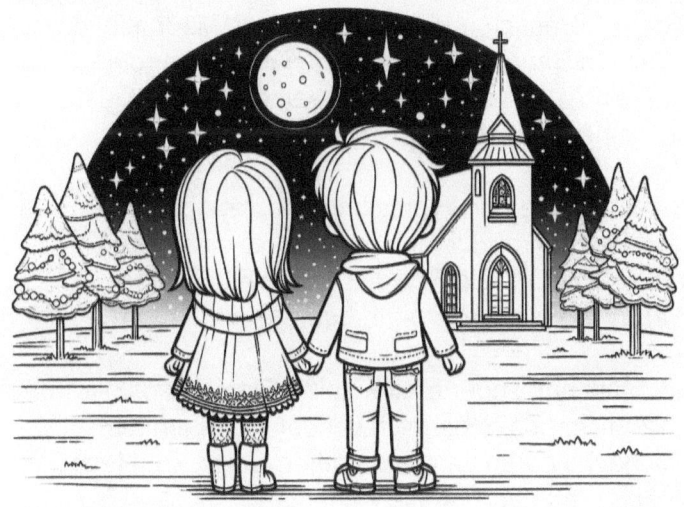

Das Weihnachtslicht des kleinen Rehkitzes

In einem dichten Tannenwald, der vom Schnee in ein stilles Winterwunderland verwandelt war, lebte ein kleines Rehkitz Namens Lumi. Lumi war erst im Frühling geboren und hatte noch nie einen Winter erlebt. Die funkelnden Schneeflocken, die dicken Schneedecken auf den Bäumen und das leise Knirschen des Schnees unter seinen Hufen erfüllten ihn mit Staunen.

Doch Lumi war einsam. Seine Mutter war auf der Suche nach Futter, und die anderen Tiere im Wald hatten sich in ihre warmen Verstecke zurückgezogen. Lumi wusste, dass Weihnachten nah war, denn die Menschen im Dorf unterhalb des Waldes schmückten ihre Häuser mit glitzernden Lichtern. Aber Lumi verstand nicht, was Weihnachten wirklich bedeutete.

Eines Abends, als die Dämmerung sich über den Wald legte, hörte Lumi ein leises Schluchzen. Neugierig folgte er dem Geräusch und fand ein kleines Mädchen, dass auf einem Baumstumpf saß. Es hatte einen roten Mantel an, doch die Tränen in seinem Gesicht glänzten wie kleine Eiskristalle.

„Hallo?", sagte Lumi vorsichtig und trat näher.
Das Mädchen blickte auf und wischte sich hastig die Tränen ab. „Oh! Ein Rehkitz!", rief sie überrascht.
„Warum weinst du?", fragte Lumi.

Das Mädchen zögerte. „Ich heiße Clara", sagte sie schließlich. „Ich habe mich verlaufen, als ich den Weihnachtsbaum im Wald suchen wollte. Und jetzt finde ich den Weg nach Hause nicht mehr."

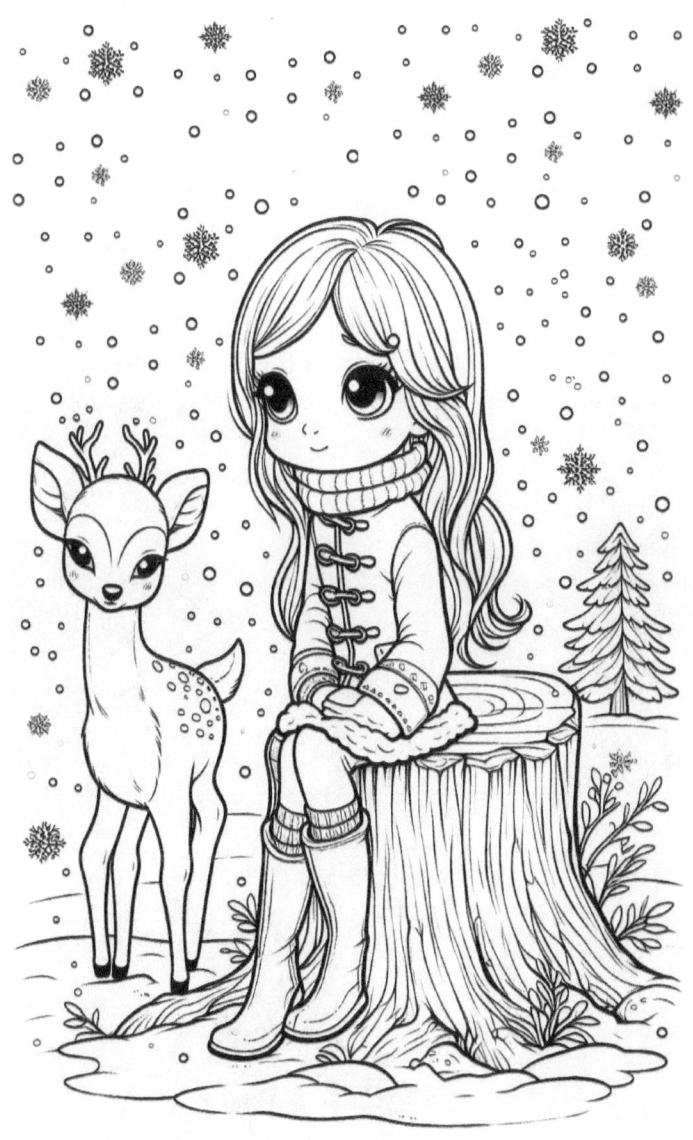

Lumi spürte Mitleid mit Clara. Sie sah so klein und verletzlich aus, genau wie er sich fühlte, wenn seine Mutter weg war. „Ich kenne den Wald gut", sagte er entschlossen. „Ich bringe dich nach Hause."

Clara strahlte ihn an. „Wirklich? Das wäre wunderbar!"

Zusammen machten sie sich auf den Weg. Doch der Wald war dunkel, und der Schnee fiel immer dichter, sodass selbst Lumi manchmal die Orientierung verlor. Clara hielt sich dicht an das kleine Rehkitz, und ihre Schritte wurden immer langsamer, je kälter es wurde.

„Lumi", flüsterte sie schließlich, „ich glaube, wir schaffen es nicht. Es ist so kalt."

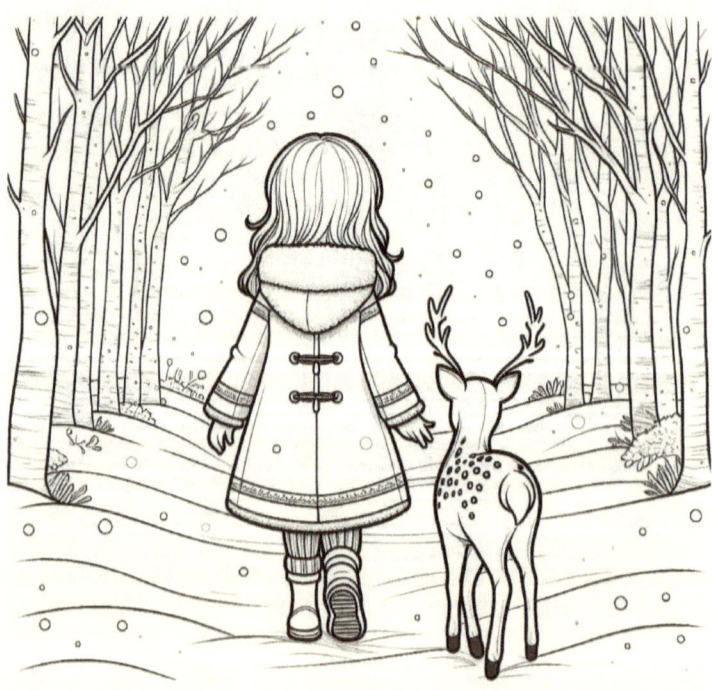

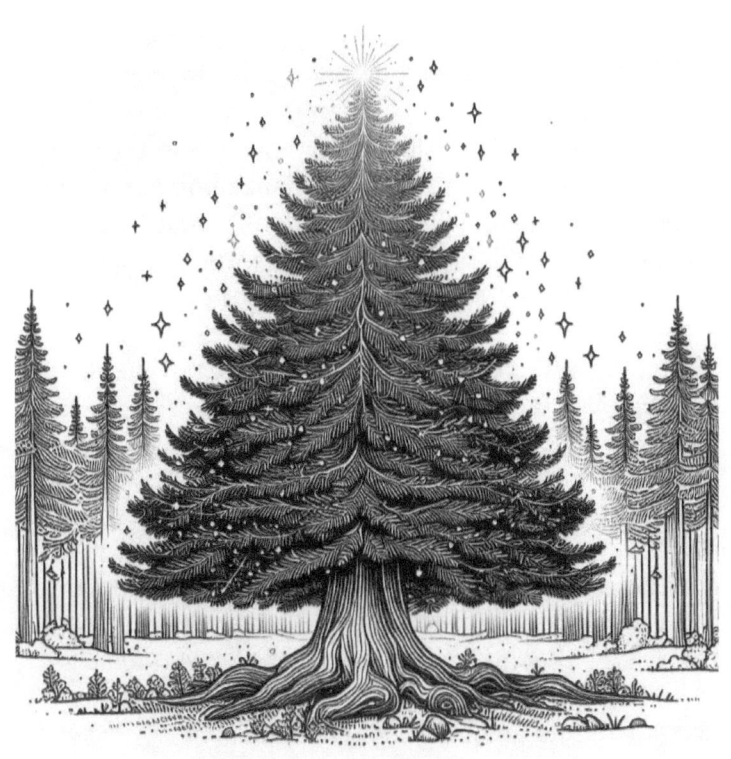

Lumi überlegte fieberhaft. Plötzlich erinnerte er sich an eine Geschichte, die seine Mutter ihm erzählt hatte – von einem besonderen Baum, der tief im Wald stand. Man sagte, dieser Baum trage zu Weihnachten ein magisches Licht, das den Verirrten den Weg nach Hause zeigen konnte.

„Warte hier", sagte Lumi zu Clara. „Ich werde das Weihnachtslicht finden!"

Bevor Clara etwas sagen konnte, war Lumi schon davongehüpft. Er kämpfte sich durch den dichten Schnee, sprang über Wurzeln und duckte sich unter tiefhängenden Ästen hindurch. Schließlich, als der Mond hinter den Wolken hervorkam, fand er den Baum.

Es war ein prächtiger, alter Tannenbaum, der bis in den Himmel zu wachsen schien. Und ganz oben auf seinen Zweigen funkelte ein warmes, goldenes Licht – so hell und sanft wie die Morgensonne. Lumi war verzaubert. Er wusste, dass dies das Weihnachtslicht sein musste.

„Bitte", flüsterte Lumi, „hilf meiner Freundin Clara. Sie braucht dich, um nach Hause zu finden."

In diesem Moment begann das Licht, heller zu leuchten. Es breitete sich wie ein goldener Schimmer über den Schnee aus und wies Lumi den Weg zurück zu Clara. Als Lumi zurückkam, war Clara fast eingeschlafen, doch das warme Licht weckte sie auf. Sie lächelte schwach, als sie das Leuchten sah. „Lumi, dass ist wunderschön."

„Komm", sagte Lumi. „Wir folgen dem Licht."

Das Weihnachtslicht führte die beiden sicher durch den Wald, bis sie die ersten Lichter des Dorfes sehen konnten. Claras Eltern, die verzweifelt nach ihr gesucht hatten, liefen ihnen entgegen.

„Clara!", riefen sie und nahmen sie in die Arme. „Du bist wieder da! Wir hatten solche Angst!"

Clara erzählte ihren Eltern von Lumi und dem Weihnachtslicht. Sie wollten sich bedanken, doch als sie sich umdrehten, war das kleine Rehkitz verschwunden. Es hatte sich zurück in den Wald geschlichen, glücklich darüber, Clara sicher nach Hause gebracht zu haben.

Am Weihnachtsmorgen brachte Clara ihrem neuen Freund ein Geschenk in den Wald: eine kleine Glocke, die sie an einer Schnur um seinen Hals band. „Damit du nie vergessen wirst, dass du der wahre Weihnachtszauber bist, Lumi", sagte sie und umarmte ihn.

Von diesem Tag an wurde Lumi im ganzen Dorf als das Rehkitz des Weihnachtslichts bekannt. Und jedes Jahr, wenn die Glocken zu Weihnachten läuteten, glaubten die Kinder, Lumi in den verschneiten Wäldern tanzen zu sehen – das kleine Rehkitz, das den wahren Zauber von Weihnachten in seinem Herzen trug.

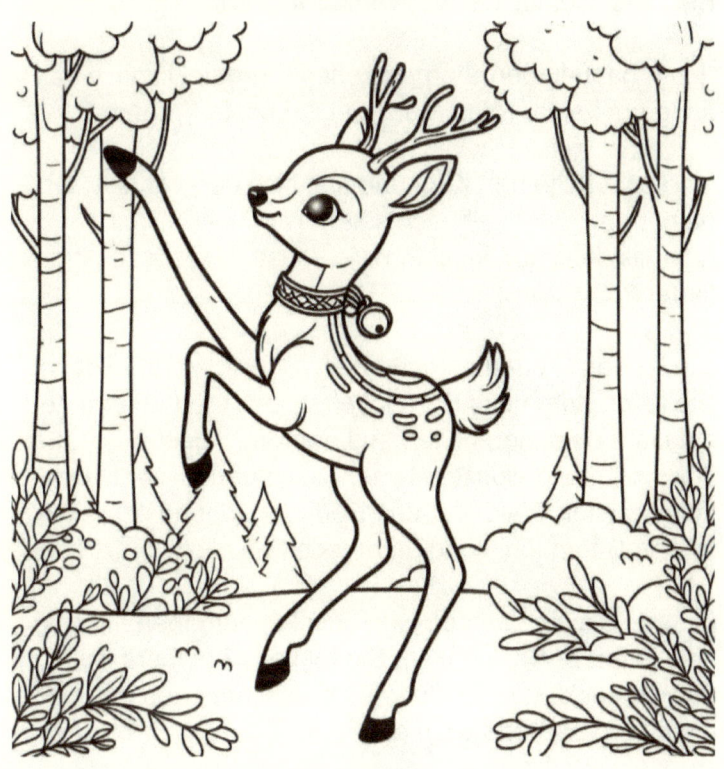

Der verschwundene Weihnachtsstern

Es war der Tag vor Weihnachten, und das kleine Dorf Glitzerwald war wie verzaubert. Die Häuser waren festlich geschmückt, der Duft nach Plätzchen und Tannennadeln lag in der Luft, und der große Weihnachtsbaum auf dem Marktplatz funkelte mit seinen Lichtern, als ob er die Sterne vom Himmel eingefangen hätte.

Doch als die Kinder des Dorfes am Abend auf den Platz kamen, bemerkten sie etwas Merkwürdiges: Der wunderschöne, goldene Stern, der immer die Spitze des Baumes schmückte, war verschwunden!

"Lina, hast du den Stern gesehen?", fragte Timo, ein Junge mit einer roten Mütze, seine beste Freundin.

Lina schüttelte den Kopf und sah sich besorgt um. "Oh nein, ohne den Weihnachtsstern wird unser Baum niemals so schön leuchten wie sonst. Wir müssen ihn finden!"

Die beiden Freunde machten sich sofort auf die Suche. Sie liefen durch das Dorf, klopften an Türen und fragten die Dorfbewohner, ob jemand den Stern gesehen hatte. Doch niemand wusste etwas. Sie gingen weiter in den verschneiten Wald, der das Dorf umgab, und schauten in jede Baumhöhle und unter jeden Strauch.

Gerade als sie dachten, sie müssten aufgeben, hörten sie ein leises Schluchzen. Sie folgten dem Geräusch und entdeckten ein kleines Eichhörnchen, das auf einem Ast saß und weinte.

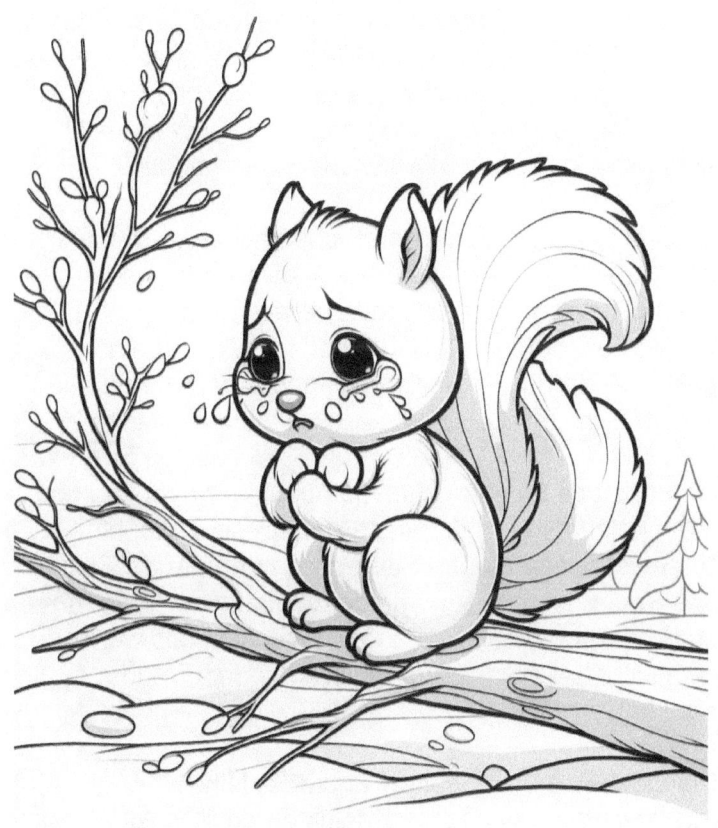

"Hallo, kleines Eichhörnchen. Warum bist du so traurig?", fragte Lina sanft.

Das Eichhörnchen wischte sich die Tränen ab und erzählte mit zitternder Stimme: "Ich habe den Stern genommen, weil ich dachte, er würde mein Nest so schön erleuchten wie den Weihnachtsbaum. Aber jetzt habe ich ein schlechtes Gewissen. Ich wollte ihn zurückbringen, aber ich traue mich nicht."

Timo und Lina sahen sich an. Sie wussten, wie wichtig der Weihnachtsstern für das Dorf war, aber sie konnten das Eichhörnchen auch verstehen. "Wir helfen dir", sagte Tim freundlich. "Du hast einen Fehler gemacht, aber jeder kann einen Fehler wiedergutmachen."

Zusammen mit dem kleinen Eichhörnchen machten sich die Kinder auf den Weg zurück ins Dorf. Als sie den Marktplatz erreichten, standen bereits viele Dorfbewohner um den Baum herum. Alle warteten gespannt darauf, dass der Weihnachtsbaum wieder in vollem Glanz erstrahlte.

Lina hob das Eichhörnchen sanft auf ihre Schulter, und Tim kletterte vorsichtig mit dem Stern die Leiter hinauf. Er setzte den goldenen Stern ganz oben auf die Spitze des Baumes. In diesem Moment begann der Stern hell zu leuchten, heller als je zuvor. Es schien, als würde sein Licht das ganze Dorf mit Wärme und Freude erfüllen.

Die Dorfbewohner jubelten, und das kleine Eichhörnchen strahlte vor Erleichterung. "Danke, dass ihr mir geholfen habt", sagte es leise.

Lina lächelte und drückte das Eichhörnchen sanft. "Das ist, was Weihnachten ausmacht: Fehler verzeihen und einander helfen."

An diesem Abend versammelte sich das ganze Dorf um den Weihnachtsbaum, sang Lieder und genoss die festliche Stimmung. Tim und Lina wussten, dass sie etwas ganz Besonderes erlebt hatten. Sie hatten gelernt, dass der wahre Weihnachtszauber nicht nur in

den funkelnden Lichtern und Geschenken liegt, sondern im Miteinander und in der Freundschaft.
Und während die ersten Schneeflocken vom Himmel fielen, wusste auch das kleine Eichhörnchen, dass es keinen schöneren Weihnachtsstern geben konnte als den, den es selbst zurückgebracht hatte.

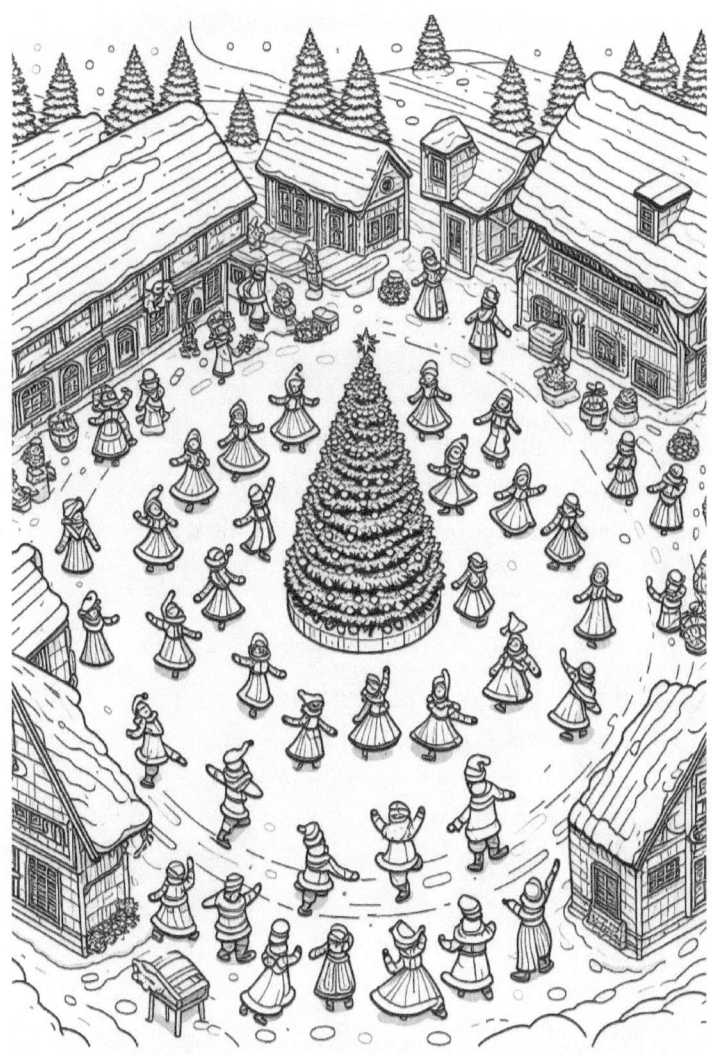

Zitate/Reime von Arthur Stanislaus

Die alten Fotos aus längst vergang'ner Zeit,
Erinnerungen blühen in weihnachtlicher Heiterkeit.
Familiengeschichten werden neu erzählt,
In dieser Nacht wird die Seele gewählt.

Der erste Schnee bedeckt die Welt so rein,
Wir bauen einen Schneemann – groß und fein.
Lachen und Spielen im weißen Kleid,
Familie vereint in der Weihnachtszeit.

Ein Kind schreibt seinen Wunsch auf ein Blatt,
„Lieber Weihnachtsmann, ich hoffe, du bist satt!
Geschenke sind schön, doch das Wichtigste bist du,
Komm zu uns nach Hause und bring Freude dazu."

Ein Päckchen hier, ein Päckchen dort,
Doch das größte Geschenk ist unser Ort.
Die Familie versammelt, das Herz wird weit,
In dieser Zeit zählt nur die Zweisamkeit.

Der Duft von Weihnachten, von Nüssen und mehr,
Weihnachtsgebäck, das lieben wir sehr.
Stollen und Kekse, die Tafel gedeckt,
in der Runde der Familie, da wird's perfekt.
Ein Bissen von Freude, ein Stückchen vom Glück,
in der Zeit der Süßigkeiten, da gibt's kein Zurück.

Ein Päckchen klein, mit rotem Band,
Darin verborgen, was niemand fand.
Ein handgeschriebener Brief, so zart und fein,
Das größte Geschenk ist die Liebe und damit dein.

In der Dunkelheit leuchten kleine Gesichter,
Die Lichterkinder singen fröhliche Lieder.
Mit Laternen in der Hand ziehen sie durch die Nacht,
Bringen Wärme und Freude, wo das Herz erwacht.

Die Sonne lacht, der Frühling naht heran,
Der Schneemann winkt, er weiß, es ist sein Plan.
„Ich war ein Freund in kalten Tagen hier,
Doch bald schmelze ich – behaltet mich in Zier!"

Ein Schneemann steht im Garten stolz und rund,
Mit Karottennase und einem Hut so bunt.
Die Kinder lachen, rollen Schnee im Spiel,
In seiner Nähe spüren sie das Wintergefühl.

Draußen fällt leise der Schnee so sacht,
Drinnen wird's warm in der stillen Nacht.
Wir erzählen Geschichten am Kaminfeuer,
Familienliebe – unser größtes Abenteuer.

Die Lichter funkeln am Fensterbrett,
Ein Zeichen der Hoffnung – niemals vergess'!
Gemeinsam singen wir alte Lieder,
Familie vereint – das Herz wird wieder.

In der Nacht, wenn die Sterne funkeln klar,
Kommt der Weihnachtsmann, so wunderbar.
Mit einem Sack voll Geschenke und Freude,
Bringt er Liebe für jedes Herz und jede Leute.

Die Schokolade glänzt,
die Bonbons leuchten hell,
da verputzt man alles immer so schnell.
Marzipanfiguren, so süß und so fein,
ein Fest für die Sinne, ein himmlischer Schein.

Unter dem Baum, so festlich geschmückt,
leuchten die Augen, das Herz ist beglückt.
Familienhände, die zusammenarbeiten,
schmücken die Zweige, die Freude verbreiten.

Im Winterwald, da steht er ganz allein,
Der fröhliche Schneemann, aus Schnee und aus Stein.
Mit einem Lächeln und Augen aus Kohlen,
Er träumt von Abenteuern, die ihn einmal holen.
Die Kinder kommen, sie tanzen um ihn herum,
„Schau mal, der Schneemann! Er ist so schön und krumm!"

Die Wünsche sind klein, doch die Träume so groß,
Familie vereint, das ist unser Los.
In der Stille der Nacht, da flüstert der Wind,
Weihnachten bringt uns zusammen, geschwind.

Ein Fest der Liebe, das Herz schlägt im Takt,
Familienmomente, die niemand uns nimmt.
Die Geschenke des Lebens, sie sind nicht aus Gold,
sondern die Zeit, die wir teilen, das ist unser Sold.

Die Lichter funkeln, der Schnee glitzert sacht,
Familie vereint, in dieser heiligen Nacht.
Ein Lächeln, ein Kuss, ein Moment voller Glück,
in der Wärme der Herzen, da finden wir zurück.

Plätzchenzauber In der Küche duftet's süß,
Plätzchen backen, ein großer Genuss.
Zimtsterne, Lebkuchen, so bunt und fein,
in jedem Bissen, da stecke Liebe hinein!

Der Winter erzählt von einem Märchen so fein,
Familienbande, sie leuchten im Schein.
Die Kinder im Schnee, sie lachen und spielen,
in dieser Zeit, da können wir fühlen.

In der Stille der Nacht, leuchtet der Stern so klar,
Familienbande, die uns halten,
sind das schönste Weihnachtsjahr.
Gemeinsam lachen, singen, träumen,
unter dem Tannenzweig,
in dieser Zeit des Gebens, fühlen wir uns stets so reich.

Hoch oben am Himmel, der Schlitten saust,
der Weihnachtsmann lacht aus seinem Herzen heraus.
Durch den Schnee und die Kälte, so schnell wie der
Wind, Bringt er Geschenke für jedes brave Kind.

Die Rentiere fliegen, hoch und weit,
Durch die Winternacht, bereit zur Heiterkeit.
Mit roten Nasen, die leuchten so klar,
Bringen sie Geschenke, jedes Jahr.

Der Schnee fällt leise, die Welt wird still,
Familienherzen, sie schlagen im Spiel.
Ein Punsch in der Hand, die Kinder im Lauf,
wir feiern das Leben, wir feiern darauf.
In der winterlichen Umarmung, da finden wir Frieden,
Weihnachten mit Familie, das ist unser Leben.

Der Tisch gedeckt mit Liebe und Mut,
Jeder Bissen schmeckt einfach gut.

Der Baum erstrahlt im bunten Glanz,
Um ihn tanzen wir im festlichen Kranz.
Mit jedem Ornament ein Stück Erinnerung,
Familienherz schlägt in frohem Schwung.

Weihnachten ist Liebe, Wärme und Licht,
Ein Fest der Herzen, das Freude verspricht.

Mit Glanz in den Augen und Freude im Herz,
Verteilen sie Frieden und vertreiben den Schmerz.
Weihnachten kommt, mit Schnee und Wind,
Die Engel sind da, für jedes Kind.

In der Nacht, wenn die Sterne funkeln klar,
Kommt der Weihnachtsmann, so wunderbar.
Mit einem Sack voll Geschenke und Freude,
Bringt er Liebe für jedes Herz und jede Leute.

Unter dem Baum, so festlich und klar,
Warten ein Hund und eine Katze, wie wunderbar.
Mit glitzernden Augen, ganz voller Glanz,
Bringen sie Freude im Weihnachtstanz.

Die Geschenke sind klein, doch die Liebe ist groß,
in der Umarmung der Familie, da blüht unser Schoß.
Ein Lächeln, ein Kuss, ein Moment voller Glück,
Weihnachten lehrt uns, wir kommen zurück.
Gemeinsam die Zeit, das wertvollste Gut,
in der Wärme der Familie, da blüht unser Mut.

Der Schnee fällt leise, weiß und klar,
In ihren Bildern, wunderbar.
Sie träumen von der Weihnacht Nacht,
Die voller Liebe Freude macht.
Mit Farben, die der Winter bringt,
Die jedes Herz zum Leuchten zwingt.
Zwei Kinder malen, froh und heiter,
Weihnachten wird immer weiter.

Kerzen flackern, Herzen lachen,
Familie versammelt, Freude erwacht.
Die Tafel gedeckt mit Liebe und Licht,
in jedem Gesicht ein strahlendes Licht.
Die Geschichten des Jahres, sie werden erzählt,
in dieser Nacht, die die Herzen erwählt.

Danksagung

Für alle die eine Heimat im Weihnachtsfest finden.
Für alle die den Zauber des Festes leben und
hinaustragen.
Für alle Menschen dieser Welt die das Licht im Herzen
tragen.
Für meine Kinder und meine Frau.
Für meine Eltern und Brüder.

Arthur Stanislaus

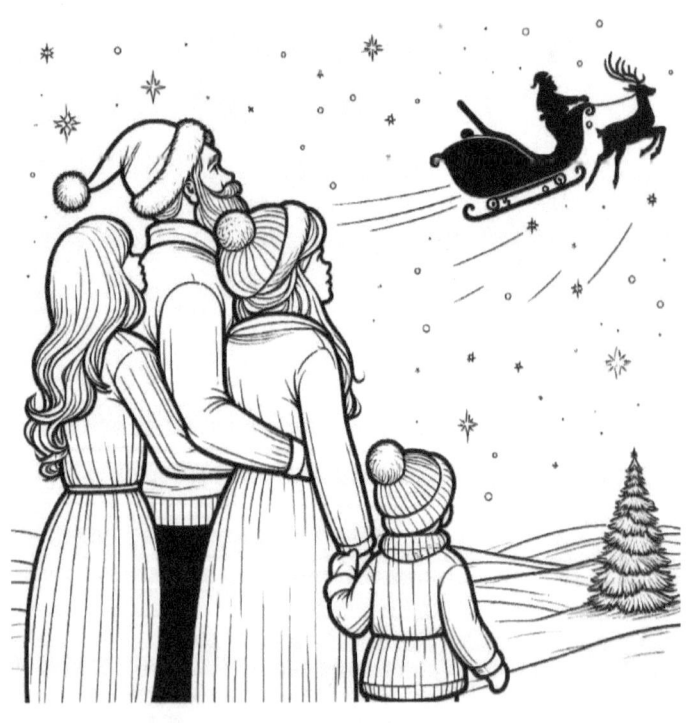

www.ingramcontent.com/pod-product-compliance
Lightning Source LLC
Chambersburg PA
CBHW030450220526
45464CB00006B/2477